영어전치사 AT, IN, ON

이기동 지음

영어전치사 AT, IN, ON

1판 1쇄 발행 2020년 6월 25일
1판 2쇄 발행 2021년 6월 11일

지 은 이 | 이기동
펴 낸 이 | 김진수
펴 낸 곳 | 한국문화사
등   록 | 제1994-9호
주   소 | 서울시 성동구 아차산로49, 404호(성수동1가, 서울숲코오롱디지털타워3차)
전   화 | 02-464-7708
팩   스 | 02-499-0846
이 메 일 | hkm7708@hanmail.net
홈페이지 | http://hph.co.kr

ISBN   978-89-6817-904-4   93740

· 잘못된 책은 구매처에서 바꾸어 드립니다.
· 이 책의 내용은 저작권법에 따라 보호받고 있습니다.
· 책값은 뒤표지에 있습니다.

영어전치사 AT, IN, ON

이기동 지음

an in-depth study of English prepositions at, in, on

Keedong Lee

한국문화사

차례

들어가는 말 1

    색채어 4

    착용동사 4

    at 7

    in 8

    on 10

01 전치사의 정의 15

    1. 전치사란? 17

    2. 전치사의 도식 및 통합 19

02 전치사의 분류 23

    영어 전치사 분류 25

    1. a-계열 전치사 27

    2. be-계열 전치사 32

    3. 대조 계열 전치사 36

        3.1. above vs. below 36

        3.2. down vs. up 37

        3.3. from vs. to 37

        3.4. in vs. out 38

        3.5. on vs. off 39

        3.6. over vs. under 40

    4. 단독계열 41

        4.1. by 41

4.2. for — 42
4.3. of — 42
4.4. with — 43
5. 합성계열 — 44
5.1. into — 45
5.2. onto — 46
5.3. out of — 48
5.4. off of — 49
요약 — 50

03-1 AT, IT, ON의 분석 – AT — 51

0. AT은 전치사로만 쓰인다. — 53
1. 전치사 용법 — 53
　1.1. 위도, 경도, 고도, 심도 — 54
　1.2. 꼭대기, 바다 — 54
　1.3. 위치: 앞, 뒤, 옆 — 55
　1.4. 속도, 온도, 각도, 정도 — 57
　1.5. 가격, 원가, 가치 — 58
　1.6. 수준, 단계 — 59
　1.7. 공항, 항구, 정류장 — 60
　1.8. 지번, 주소 — 61
　1.9. 최상 및 최하급, 최고 및 최저 — 61
　1.10. 기능적 및 구조적 관계 — 63
　1.11. 행사나 행사의 장소 (venue) — 64
　1.12. 이용자나 참여자 — 65
　　1.12.1. 책상, 피아노, 컴퓨터 — 66
　　1.12.2. 극장, 병원, 학교, 교회 — 67

  1.12.3. 기관과 종사자 … 67
  1.12.4. 모임 … 68
  1.12.5. 식사 … 69
  1.12.6. 과정 … 69
  1.12.7. 상태 … 70
2. 시각과 과정 … 71
 2.1. 시각 (時刻) … 71
 2.2. 새벽, 해돋이, 정오 … 72
 2.3. 나이 … 73
 2.4. 순간, 시점 … 73
 2.5. 명절, 휴일 … 74
 2.6. 탄생, 사망 … 75
3. 기간과 과정 … 76
 3.1. 기간의 시작과 끝 … 76
 3.2. 과정의 시작과 끝 … 77
 3.3. 과정 at one 명사 … 78
4. 동사와 at … 79
 4.1. 부분적 영향 … 79
 4.2. 공격, 조롱 … 80
  4.2.1. 의사소통 동사 … 80
  4.2.2. 움직임 동사 … 82
5. 노력, 시도 … 83
 5.1. '잡다' 동사 … 83
 5.2. 시도 … 84
 5.3. '치다' 동사 … 85
 5.4. 조준, 시선 … 86
 5.5. 감정의 원인 … 88

5.6. 지시, 명령	90
6. 형용사와 at	91
6.1. 능력 형용사	91
6.2. 감정 형용사	92
7. at과 다른 전치사	93
7.1. at과 in	93
7.2. at과 on	94

03-2 AT, IT, ON의 분석 – IN

들어가는 말	95
1. 전치사 용법	95
1.1. 이동동사와 전치사 in	96
1.1.1. in의 목적어: 통로	96
1.1.2. in의 목적어: 공간이나 영역	96
1.2. 비이동동사와 전치사 in	97
1.3. 한계나 범위 설정	101
1.3.1. 치수 재기	102
1.3.2. 형용사 적용 범위	102
1.3.3. 명사의 범위 한정	103
1.4. 전치사 in의 구체적 쓰임	104
1.4.1. 의복	104
1.4.2. 차량	106
1.4.3. 의자	108
1.4.4. 자연현상	108
1.4.5. 사람이나 개체가 만든 영역	110
1.4.6. 집합명사	111
1.4.7. 전체 속의 일부	113

- 1.4.8. 측정 단위 — 113
- 1.4.9. 지불 단위 — 114
- 1.4.10. 작품 — 115
- 1.4.11. 시야 — 116
- 1.4.12. 분야 — 117
- 1.4.13. 상태 — 118
- 1.4.14. 기능 — 120
- 1.5. 시간 — 121
  - 1.5.1. 두 종류의 서술 — 121
  - 1.5.2. 기간 표현 — 123
  - 1.5.3. 짧은 시간과 기간 — 126
  - 1.5.4. 미래시제와 in — 128
- 1.6. 과정 — 129
  - 1.6.1. in과 a(n) 과정 명사 — 130
  - 1.6.2. in a(n) N to 부정사 — 131
  - 1.6.3. in과 동명사 — 131
  - 1.6.4. in과 동작 명사 — 132
  - 1.6.5. in one 명사 — 133
  - 1.6.6. in 명사 전치사 — 134
  - 1.6.7. in full 명사 — 137
  - 1.6.8. in the front of / in front of — 137
- 1.7. 방향과 방식 — 138
  - 1.7.1. 방향에서 방식으로 — 138
  - 1.7.2. 표현 방식 — 139
  - 1.7.3. 전치사 in과 동사 — 141
- 2. 부사 용법 — 142
  - 2.1. in for — 143
  - 2.2. 부사 in 전치사 into — 145

2.2.1. 화맥 — 146
　　2.2.2. 문맥 — 147
　　2.2.3. 세상 지식 — 148
　　2.2.4. 영상 — 150
　2.3. 비이동동사와 부사 in — 151
　　2.3.1. 사방으로 둘러 쌓임 — 151
　　2.3.2. 길이의 줄임 — 152
　　2.3.3. 채워 넣기 — 153
　　2.3.4. 안으로 들어가기 — 154
　　2.3.5. 도착지가 주어인 경우 — 155
　　2.3.6. 밖으로 나오는 힘에 반대되는 힘 가하기 — 156
　　2.3.7. 끼어들기 — 157
　　2.3.8. 범위 좁혀 들기 — 158
　　2.3.9. 섞여들기 — 159
3. 부사 in과 다른 전치사 — 160
　3.1. 출발지: in from — 161
　3.2. 도착지: in on, in to — 161
　3.3. in to와 into — 163

03-3 AT, IT, ON의 분석 – ON — 167

들어가는 말 — 167
1. 전치사 용법 — 167
　1.1. 접촉 — 171
　　1.1.1. 땅, 눈, 얼음, 물 — 171
　　1.1.2. 길 — 171
　　1.1.3. 탈 것 — 173
　　1.1.4. 과정 — 175
　　1.1.5. go (on) V-ing — 177

1.1.6. 방문, 여행 — 179
1.1.7. 구성원과 집합체 — 180
1.1.8. 사회 매체 — 181
1.1.9. 글, 도표 — 184
1.1.10. 영상 — 185
1.1.11. 소리 — 185
1.1.12. 빛 — 186
1.1.13. 발견 — 187
1.2. 접촉에서 관련으로 — 188
1.2.1. 악기 및 도구 — 189
1.2.2. 추상명사 — 190
1.2.3. 돈을 쓰는 대상 — 190
1.2.4. 내용과 표현방식 — 191
1.3. 전치사 on과 자동사화 — 193
2. 의존관계 — 196
2.1. 자세 — 197
2.2. 약물, 음식 — 198
3. 영향 — 199
3.1. 전치사 on과 동사 — 200
3.2. 타동사 — 200
3.3. 자동사 — 202
3.4. on과 to의 비교 — 203
4. 시간 — 205
4.1. 시간 on 시간 — 208
4.2. 과정 on 과정 — 209
5. 전치사 on과 형용사 — 211
5.1. 관계 형용사 — 211
5.2. 영향 형용사 — 212

5.3. 의존 형용사 — 213
  5.4. 전치사구 — 214
 6. 부사 용법 — 215
  6.1. Y의 생략 — 215
   6.1.1. 문맥에 의한 생략 — 216
   6.1.2. 화맥에 의한 생략 — 216
   6.1.3. 세상 지식에 의한 생략 — 217
  6.2. 이음 — 219
  6.3. 동사와 부사 on — 220
  6.4. 자동사 — 222
  6.5. 동사 on to — 223
  6.6. stick (on) to — 225
  6.7. 타동사 — 226
  6.8. 시점이나 지점과 on — 228
  6.9. on to와 onto — 229
  6.10. 동사와 over to — 230
  6.11. 부추김, 격려 — 231
  6.12. 작동상태 — 232
 7. 부사 on과 다른 전치사 — 239
  7.1. 출발지: on from — 239
  7.2. 도착지: onto — 240

04 AT, IN, ON의 대조 및 비교 — 243

참고문헌 — 255

영어전치사
AT, IN, ON

들어가는 말

· · · · ·

왜 또 at, in, on인가? 나는 몇 십년을 영어전치사와 이에 관련된 구동사를 연구해오고 있다. 재직 중에 계속 하던 연구를 정년을 한 다음에도 계속 연구하고 있다. 이 노력의 결과로 몇 권의 책이 나왔다. 첫째로 나온 책이 『영어 전치사 연구』(1998)이다. 이 책에서 나는 전치사를 집중적으로 연구했다. 각 전치사는 기본적으로 공간관계를 나타내는데, 나는 이것을 도식으로 나타내었다. 예로서, 전치사 on은 기본적으로 공간적 접촉을 나타낸다고 보고, 이것을 다음과 같이 도식화했다.

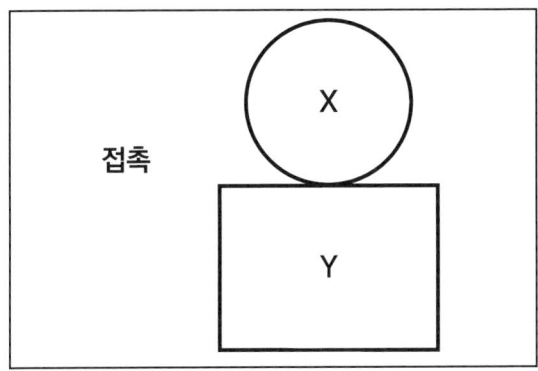

X가 Y에 닿아 있는 관계

이 공간관계가 시간이나 과정관계에도 나타남을 보여주면서 이 전치사의 쓰임이 많지만, 이 여러 쓰임에는 접촉의 뜻이 깔려 있음을 보여주려고 했다.

『영어 전치사 연구』 다음에 나온 책이 『영어 구절동사』이다(구절동사는 다음 책에서는 '구동사'로 쓰고 있음). 구동사는 동사와 불변사로 되어 있다. 불변사는 세부적으로 다음과 같이 나눌 수 있다.

불변사	전치사	X	전치사	Y
	전치사유래부사	X	전치사	∅
	원부사	X	부사(전치사)	

불변사는 위의 분류에서 볼 수 있는 바와 같이 전치사와 부사가 포함되어 있다. 그러므로 이 두 종류를 포함할 수 있는 포괄적 용어가 필요하다. 그래서 불변사라는 용어가 쓰인다.

전치사는 선행사(X)와 목적어(Y)를 다 가지고 있다. 전치사 유래부사는 선행사는 있으나, 목적어가 쓰이지 않는다. 목적어 자리에 점선 동그라미가 쓰인 것은 목적어(Y)가 전혀 없는 것이 아니라, 목적어의 정체가 화맥, 문맥 등에서 추리될 수 있기 때문이다.

전치사 가운데는 전치사로만 쓰이는 것이 있다. against, for, of, with 등이다. 한편 다음 불변사는 전치사와 부사로 쓰인다: by, down vs. up, in vs. out, over vs. under, 그리고 through. 마지막으로 apart, away, together 등은 부사로만 쓰인다.

위에서 잠깐 살펴본 바와 같이 구동사는 동사와 불변사로 이루어지고, 불변사에는 전치사가 포함되므로 전치사 연구에는 구동사가 포함되지 않을 수 없고, 구동사 연구에도 전치사가 포함되지 않을 수 없다.

『영어 구절동사』에서 나는 구동사가 분석될 수 없는 덩어리(Chunk)가 아니라 분석될 수 있고, 동사의 뜻과 불변사의 뜻이 합쳐져서 나옴을 보여주려고 했다. 그래서 동사의 의미에 따라서 구동사 예측이 가능함을 보여주려고 했다.

세 번째로 나온 책이 『영어 구동사 연구』이다. 이 책은 불변사를 철저하게 분석하여 구동사에 접근했다. 불변사의 연구가 포함된 점은 「영어 전치사 연구」와 비슷하지만, 이 책에서는 구동사 연구에 비중을 더 크게 두고 있다.

위의 세 권의 책을 통해 불변사와 구동사 연구를 발표했다. 그런데 왜 다시 at, in, on의 연구가 필요한가? 이 세 불변사는 내가 적어도 두 번에 걸쳐 발표를 했다. 그러나 발표를 하고 나서 돌아서면 곧 부족한 점이 생각나고, 좀 더 잘 제시해야겠다는 생각이 들었다. 이것이 첫째 이유이고, 둘째는 영어를 배우는 한국어 학습자들에게 이 세 불변사를 정확하게 구별해서 쓰는 것이 쉽지 않다고 생각되어 이 책을 쓰게 되었다. 같은 불변사를 여러 번 발표했으나, 똑같이 발표하지 않았다. 서로 다른 각도에서 새로운 예문을 가리고, 발표하는 것이므로 이 책을 통해서 이 세 불변사의 이해가 더 깊어질 수 있기를 바란다.

이 세 전치사가 우리나라 학습자들에게 왜 어려운 지 잠깐 살펴 보자. 이를 위해 스펙트럼에 나오는 색채어를 구분하는 방법을 살펴 보자.

색채어

우리는 스펙트럼을 거쳐 나오는 색깔을 7개 정도로 분류하는데, 언어마다 이 색채어의 수는 다를 수가 있다. 색채어를 두 개로, 또 세 개로, 또 네 개 등을 나누는 언어가 있다.

2개: 희다, 검다
3개: 희다, 검다, 빨갛다
4개: 희다, 검다, 빨갛다, 노랗다
5개: 희다, 검다, 빨갛다, 노랗다, 파랗다

착용동사

이와 마찬가지로, 어떤 의미 영역을 가르는 방법도 언어마다 서로 다르다. 착용동사의 영역을 살펴 보면, 우리 말과 영어에 큰 차이가 있음을 알 수 있다. 우리말에서는 착용 부위에 따라서 서로 다른 동사가 쓰인다. 다음을 살펴 보자:

머리나 얼굴: 모자, 안경 등을 쓰다
손과 손가락: 장갑, 반지를 끼다
발: 양말, 신발을 신다
허리: 칼을 차다
몸: 옷을 입다

그러나 위에 열거된 동사에 공통점이 없는 것은 아니다. 모든 동사에 흐르는 공통점은 **접촉**이다. 모자를 쓰면 모자가 머리에 닿고, 장갑을 끼면 장갑이 손에 닿는다. 영어 착용동사는 이 공통점, 즉, 접촉에

초점이 주어진다. 다음을 살펴 보자.

(1) He put on a hat/gloves/shoes.

위에 쓰인 on은 접촉을 나타낸다. 다시 말해 put on은 장갑, 신발 등이 몸에 닿게 놓는다는 뜻이다.

정리하면, 착용동사영역에서 우리말에서는 착용부위가 중요해서 각 부위에 해당되는 동사가 쓰이지만, 영어에서는 접촉의 뜻만 부가되어 전치사 on이 쓰인다.

반대되는 현상으로 시간을 나타내는 전치사를 살펴보자. 영어에서는 다음 예에서 볼 수 있는 것과 같이 시간 개념이 세분화되어 있다.

(2) in 2019   2019년에
    on Saturday   토요일에
    at 11 o'clock   11시에

영어는 in, on, at 시간이 구별되지만, 우리말에서는 이들이 구분되지 않고 -에로만 표현된다.

장소 표현도 마찬가지이다. 영어에는 in, on, at으로 구분되지만, 우리말에서는 -에 로만 표현된다.

(3) in the location   그 위치 안에
    on the location   그 위치 위에
    at the location   그 위치에

위의 번역에서 in은 '안'으로, on은 '위'로 번역되어 있지만, in과 '안', on과 '위'는 잘 대응되지 않는다. 예로 X on Y에서 X는 Y의 위, 아래, 밑 어느 곳이든 붙거나, 닿아 있어야 한다. 그러나 우리말 '**위**'는 이 관계가 성립하기 위해서 두 개체가 닿아있을 수도 있고, 떨어져 있을 수 있다.

(4) a. 책상 위의 램프 (닿아 있음)
 b. 땅 위의 하늘 (떨어져 있음)

위에서 살펴본 차이 때문에 우리말을 쓰는 사람들이 영어를 배울 때, 영어 전치사 at, in, on을 구별하기 쉽지 않다. 그래서 다음과 같은 표현의 차이를 알기 어렵다. 다음 두 문장에는 at과 in이, 그리고 in과 on이 쓰였다. 이 두 표현은 어떤 차이가 있는가?

(5) a. The child played at/in the park.
 그 아이는 그 공원에서 놀았다.
 b. I asked some people in/on the street.
 그는 거리에 있는 몇 명 사람들에게 물었다.

나는 이 책에서 위에 제시된 질문의 답을 제시하도록 노력하겠다. 그리고 나아가서 at, in, on의 핵심의미를 파악하여 이것이 어떻게 확장되어 쓰이는 지를 살펴보겠다. 이렇게 함으로써 이 세 전치사가 갖는 각각의 의미는 물론 한 전치사가 갖는 여러 가지 용법 사이의 관련성도 드러나게 하겠다. 예로서 전치사 at은 다음과 같이 쓰일 수 있다.

at

(1) a. I was waiting at the bus stop.
   나는 그 버스 정류장에서 기다리고 있었다.

b. She paused at the bottom of the stair.
   그녀는 그 계단 맨 밑층에서 쉬었다.

c. He met his girlfriend at a disco.
   그는 그의 여자친구를 디스코에서 만났다.

d. Is she still at school?
   그녀는 아직도 학교에서 공부하고 있니?

e. The film starts at 8:00.
   그 영화는 8시에 시작된다.

f. She shouted at us.
   그녀는 우리에게 고함을 질렀다.

g. The children joked at my joke.
   그 아이들이 내 농담에 웃었다.

h. He is bad at handling people.
   그는 사람들을 다루는데 서툴다.

위에서 전치사 at의 용법이 8가지가 제시되어 있다. 영어를 모국어로 배우는 아이들이 어떻게 이 전치사를 배울까? at이 갖는 각각의 뜻을 따로 배우는 것일까? 아니면 at의 밑에 깔린 공통의 관계를 파악하여 배울까? 이에 대한 대답이 이 책의 주 목적이 된다.

다음으로 전치사 in의 용법을 살펴 보자.

in

전치사 in은 다음과 같이 쓰인다.

(1) 1. There is some salt in the jar.
그 항아리에는 소금이 조금 있다.

2. He took us for a drive in a car.
그는 우리를 차에 태워 드라이브를 시켜주었다.

3. He fell in the river when he was young.
그는 어렸을 때 그 강에 빠졌다.

4. We waited in silence.
우리는 말없이 기다렸다.

5. The professor retired in 2006.
그 교수님은 2006년에 퇴직하였다.

6. He did lots of things in a day.
그는 하루에 많은 것들을 했다.

7. I will be back in a minute.
일 분이 끝날 즈음에 돌아오겠다.

8. The team won three times this year.
그 팀은 일년에 세 번 이겼다.

9. I read the news in the newspaper.
나는 그 소식을 신문에서 읽었다.

10. There are 5 programs in the series.
그 시리즈에는 다섯 개의 프로그램이 있다.

11. We need reform, in education.
우리는 교육분야에 개혁 등이 필요하다.

12. She looks smart in the new dress.
    그녀는 그 새 옷을 입고 있으니 맵시 있게 보인다.

13. I think their marriage is in crisis.
    나는 그들의 결혼이 위기에 있다고 생각한다.

14. The children stood in a circle.
    그 아이들은 원을 그리고 서 있었다.

15. One in five homes now has air-purifier.
    다섯 가구 가운데 한 가구는 공기청정기를 가지고 있다.

16. The cattle move in herds.
    그 소들은 떼를 이루어 이동한다.

17. Do you have the same shoes in size 6?
    사이즈 6 크기의 똑같은 신발을 가지고 있습니까?

18. Oranges are rich in Vitamin C.
    오렌지는 비타민 C가 풍부하다.

19. We had to work in the rain.
    우리는 비를 맞고 일을 해야 했다.

20. They live in fear of war.
    그들은 전쟁의 두려움 속에 산다.

21. I have found a good friend in him.
    나는 그에게서 좋은 친구를 발견했다.

22. She has everything I want in a wife.
    그녀는 내가 아내에게서 원하는 모든 것을 지니고 있다.

23. I cut the melon in halves.
    나는 그 수박을 반으로 잘랐다.

24. In her excitement, she forgot all about her son.
    그 흥분 속에, 그녀는 아들 생각을 깜빡 잊어버렸다.

위에서 전치사 in의 쓰임을 24가지로 나누어 살펴보았다. at과 마찬가지로 똑 같은 질문을 다시 해본다. 영어를 모국어로 하는 아이들이 in의 의미를 어떻게 배울까? 위에 열거된 의미를 하나하나 따로 익혀갈까? 아니면 몇 개의 용례에서 핵심 의미를 파악해서 그것을 서로 다른 맥락에 적용해나가는 것일까? 이러한 질문에 답을 하는 것이 이 책의 주 목적이다. 이 책에서는 in의 핵심을 찾고, 이것이 어떻게 여러 맥락에 적용되어 쓰이는 지를 보여준다.

다음으로 전치사 on의 의미를 살펴 보자.

on

전치사 on은 다음과 같이 쓰인다.

 (1) 1. People are sunbathing on the grass.
    사람들이 풀밭에서 일광욕을 하고 있다.

 2. He threw himself on the couch.
    그는 자신을 그 카우치에 던졌다. 즉, 누웠다.

 3. Can you stand on your head?
    머리를 땅에 대고 설 수 있습니까?

 4. Mark kissed May on the cheek.
    마크가 메리의 뺨에 키스를 했다.

 5. There is a diagram on page 23.
    23페이지에 도표가 있다.

 6. She hung her coat on a hook.
    그녀는 그녀의 저고리를 고리에 걸었다.

 7. The town is on the border.
    그 읍내는 국경에 접해 있다.

8. You will see the church on your right.
   당신은 그 교회를 당신의 오른쪽에서 보게 될 것입니다.

9. He trained his binoculars on the lighthouse.
   그는 그의 쌍안경을 그 등대에 조준했다.

10. He was born on March 4th.
    그는 3월 4일에 태어났다.

11. There will be new sanctions on the country.
    새로운 제재가 그 나라에 주어질 것이다.

12. I have some books on Venezuela.
    나는 베네수엘라에 관한 책을 몇 권 가지고 있다.

13. I signed the contract on the advice of my lawyer.
    나는 내 변호사의 충고에 따라서 그 계약을 서명했다.

14. The baby is not yet on solid food.
    그 애기는 아직도 이유식을 하지 않는다.

15. Were you able to sleep on the plane?
    당신은 그 비행기를 타고 오면서 잘 수 있었습니까?

16. He is on a good salary now.
    그는 상당한 급여를 받고 있다.

17. The new car runs on hydrogen.
    그 새 자동차는 수소로 움직인다.

18. Are you still on antibiotics?
    당신은 아직도 항생제를 복용하고 있습니까?

19. Is Randy still on the phone?
    랜디가 아직도 전화를 하고 있습니까?

20. She played a short piece on the violin.
    그녀는 소곡을 바이올린으로 연주했다.

21. I watched the news on TV.
    나는 그 뉴스를 TV에서 봤다.

22. He always keeps a backup copy on the disc.
    그는 항상 디스크에 백업 복사본을 둔다.

23. I met her on vacation in Korea.
    나는 한국에서 보낸 휴가에서 그녀를 만났다.

24. Are you still on the National Football team?
    너는 아직도 국가대표축구팀에 있니?

25. All patients are examined on admission to the hospital.
    모든 환자는 병원에 입원하면 곧 검사를 받는다.

26. I don't have any money on me.
    나는 가진 돈이 한 푼도 없다.

27. His girlfriend walked out on him.
    그의 여자친구가 그를 떠나버려 그가 충격을 입었다.

위에서 우리는 전치사 on을 27개로 나누어 살펴보았다. 이와 관련하여 우리는 다음과 같은 질문을 해볼 수 있다. 영어를 모국어로 배우는 아이들이 전치사 on의 뜻을 어떻게 배울까? on의 뜻이라고 생각되는 것을 하나 하나 배워 나갈까? 그러나 이 방법은 아이들에게 불가능할 것이다. 전치사의 각 뜻을 설명하기도 어렵고, 전치사의 수도 만만치가 않다. 다른 대안은 아이들이 전치사 on이 쓰인 몇 개의 예를 반복적으로 접하면서 전치사 on의 속성을 파악하는 것이 아닐까? 이 속성을 파악하면 on의 새로운 표현을 들어도 이해할 수 있고, 필요하면 on이 있는 표현을 자신이 만들 수 있지 않을까?

이 책은 후자의 방법을 택하여 on의 분석에 접근하고자 한다. 다시 말하면, on의 기본적 또는 핵심적 관계를 찾고, 이것이 여러 상황에 어떻게 적용되는 지를 살펴 본다.

영어전치사
AT, IN, ON

01

전치사의 정의

영어전치사
AT, IN, ON

01
전치사의 정의

· · · · ·

1. 전치사란?

전치사는 관계어(relational word)이다. 관계에는 적어도 두 개체가 필요하다. 이 두 개체를 X와 Y라 하자. 전치사에 쓰이는 두 개체는 전통적으로 **선행사**와 전치사의 **목적어**로 불리어졌다.

전치사: **X [선행사]**   전치사   **Y [목적어]**

다음 표현에서 선행사와 목적어가 표시되어 있다.

(1) a. **a boy** on **the bench**
    의자 위에 앉아 있는 한 소년

  b. **a drop** of **sweat**
    땀 한 방울

  c. **a house** by **the river**.
    그 강가에 있는 집

전치사는 [X 전치사 Y]로 쓰이지만, Y의 정체가 문맥이나 화맥에서 파악될 수 있을 때면 Y가 쓰이지 않는다. 이 때 전치사는 전치사적 부사로 쓰인다.

     전치사: X 전치사 Y
     전치사적 부사: X 전치사 ∅

다음 예를 살펴보자.

(2) a. There were 400 passengers aboard the airline.
     400명의 승객이 그 여객기를 타고 있다. (전치사)
  b. The plane crashed with 10 passengers aboard.
     그 비행기는 10명의 승객을 태우고 추락했다. (부사)

위 a 문장에서 aboard는 전치사로 쓰였고, 위 b 문장에서 aboard는 부사로 쓰였으나, 그 목적어가 주어인 비행기임을 추리할 수 있다.

전치사 aboard가 전치사와 부사로, 즉 두 가지 기능을 갖는다는 사실은 크게 놀라운 일이 아니다. 영어에서 단 하나의 형태가 두 가지로 쓰이는 예가 많기 때문이다. snow나 rain 등은 명사로 쓰일 뿐만 아니라 동사로도 쓰인다.

(3) a. We had a lot of snow last year. (명사)
     우리는 작년에 눈이 많이 왔다.
  b. It snowed a lot last year. (동사)
     작년에 눈이 많이 왔다.

전치사 가운데는 전치사와 부사로 쓰이는 것도 있고, at나 against와 같이 전치사로만 쓰이는 것이 있다.

2. 전치사의 도식 및 통합

전치사의 기본관계는 공간관계이다. 이 공간관계가 추상적으로 확대되어 여러 가지의 관계를 나타낸다. 이 책에서는 전치사의 공간관계를 도식(schema)으로 나타내어 전치사가 나타내는 공간관계를 보다 쉽게 이해할 수 있게 했다. 예로서, 전치사 on은 X on Y에서 X가 Y에 접해있는 관계를 나타낸다. 또, 전치사 in은 X in Y에서 X가 Y의 영역 안에 있는 관계를 나타낸다. 이 두 전치사를 도식으로 표현하면 다음과 같다.

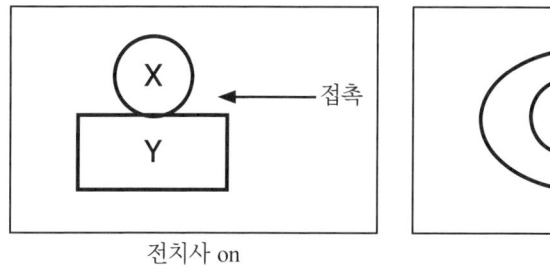 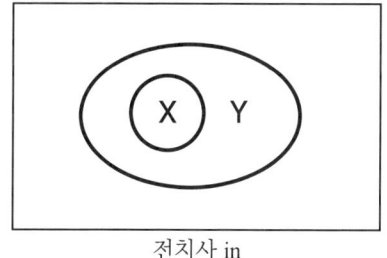

전치사 on   전치사 in

Y가 쓰이지 않은 부사 용법은 Y를 점선으로 표시 했다. 이것은 Y는 표현이 되어 있진 않지만, 없는 것이 아니라 암시되어 있음을 나타내기 위해서다.

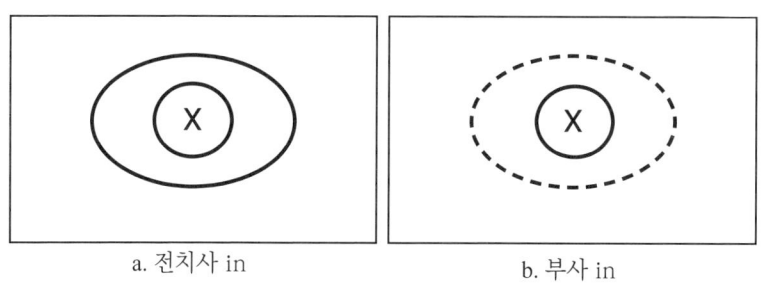

a. 전치사 in   b. 부사 in

다음에서는 전치사, 선행사, 그리고 목적어가 어떻게 통합되어 전치사구를 이루는지를 살펴보겠다. 다음 전치사구를 예로 들어 보자.

(1) a glass on the table
    그 탁자 위에 놓여 있는 잔

다음 도식에서 b는 on의 도식이다. 이 도식에서 개체 X가 개체 Y에 닿아 있다. 선행사에 의해서 여러 가지 구체적이게 되고, Y는 목적어에 의해서 구체적이게 된다.

두 도식이 통합되기 위해서는 두 도식 사이에 대응점이 있어야 한다. 아래 도식에서 점선은 대응 관계를 표시한다. 잔(glass)과 on의 X가 대응된다. 대응점에 따라, a를 b에 포개면, c가 된다. 도식적인 X가 구체적인 명사로 대치된다.

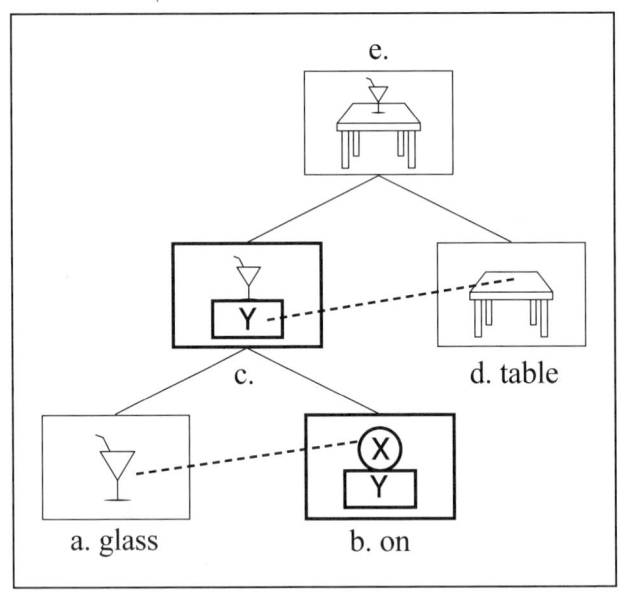

다음 단계로, 도식 c의 Y는 d의 table과 대응된다. 도식 d를 대응선에 따라 c에 포개면, '도식 e: a cup on the table'이 된다. 이 단계에서 도식 X와 Y가 구체적인 명사로 대치된다.

다음으로 전치사 in의 통합 관계를 살펴보기 위해서 다음 전치사구를 예로 들어보자.

(2) A potato in the bowl

위 표현에 쓰인 전치사 in은 X in Y에서 X가 Y영역에 들어 있는 관계를 나타낸다 (아래 도식 b 참조). 전치사 in 도식의 X와 Y는 도식적이다. 이들은 전치사 in의 선행사와 목적어에 의해 구체적이게 된다.

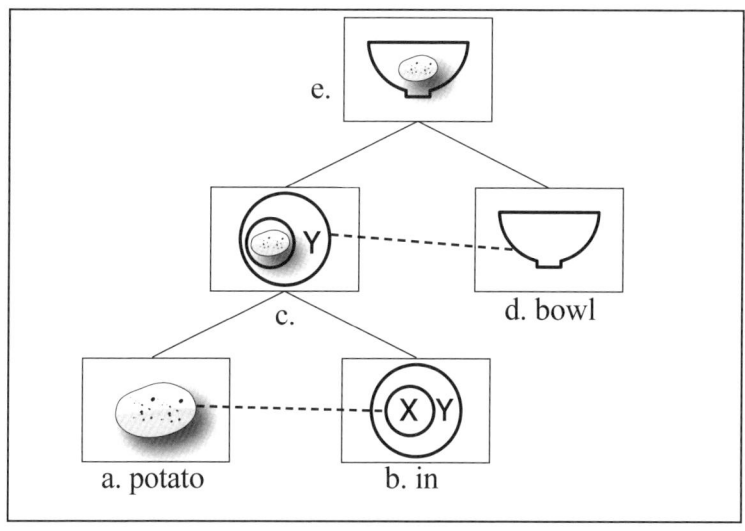

통합의 첫 단계에서, potato가 in의 X와 대응된다. potato의 도식을 도식 b의 X에 포개면, 도식 c가 된다. 즉, X가 구체적인 명사로

대치되었다. 다음 단계의 통합에서 in의 Y와 bowl이 대응된다. bowl를 c에 포개면 Y가 구체적이게 된다. 즉, 도식 e가 나온다: a flower in the vase

다음으로, 전치사 at의 통합 관계를 살펴 보자.

(3) The temperature will peak at 25°c.
온도가 섭씨 25°에서 최고점에 이를 것이다.

전치사 at은 X at Y에서 X가 점으로 인식되는 Y에 있다 (다음 도식 b 참조). 전치사 at의 X와 Y는 모두 추상적이다. 이들은 선행사와 목적어에 의해서 구체적이게 된다.

통합의 첫 단계로 the temperature will peak 와 전치사 at의 X가 대응된다. 도식 a를 b에 포개면 도식 c가 나온다. 다음 단계로, 100°C를 at의 Y에 포개면 도식 e, 즉, The temperature will peak at 25°C 가 나온다.

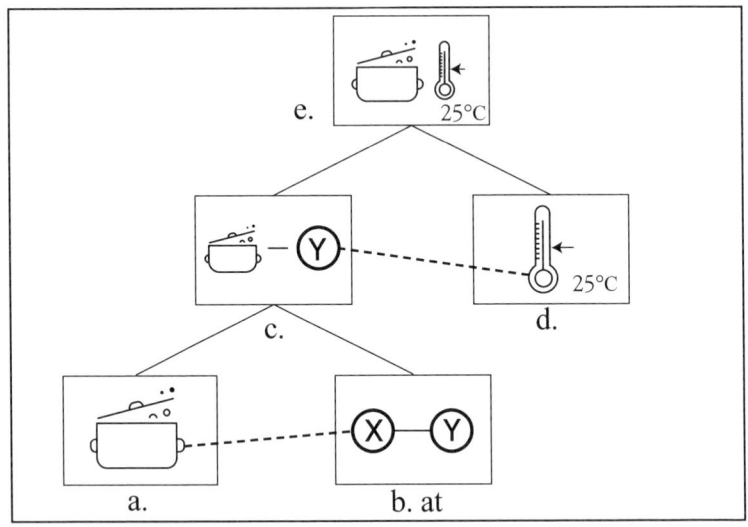

영어전치사
AT, IN, ON

02

전치사의 분류

영어전치사
AT, IN, ON

02
전치사의 분류

· · · · ·

전치사 at, in, on의 분석에 들어가기 전에 영어 전치사를 잠깐 살펴 보자. 전통적으로 전치사는 알파벳 순서로 분류되고 제시되었다. 그러나 이 책에서는 전치사를 의미와 구조에 따라서 5가지로 나누어 보겠다. 다음에서 볼 수 있는 바와 같이 a-계열과 be-계열은 형태상으로 분류되고, 대조 계열은 의미로, 단독과 합성계열은 구조적으로 분류된 것이다.

전치사의 분류

    a. a-계열   c. 대조 계열

    b. be-계열   d. 단독 계열

                          e. 합성 계열

영어 전치사 분류

1. a-계열
   - aboard
   - about
   - above
   - across
   - after
   - against
   - ahead
   - along
   - amid
   - among
   - around
   - aside
   - away

2. be-계열
   - before
   - behind
   - below
   - beneath
   - beside
   - besides
   - between
   - beyond

3. 대조계열
   - above vs. below
   - down vs. up
   - in vs. out
   - off vs. on
   - from vs. to
   - over vs. under

4. 단독계열
   - at
   - back
   - by
   - for
   - of
   - through
   - with

5. 합성계열
   - alongside
   - in between
   - inside vs. outside
   - throughout
   - underneath
   - within vs. without

1. a-계열 전치사

이 계열의 전치사들은 모두 접두사 a- 로 시작되고 a- 다음에 오는 성분은 자체의 뜻을 어느 정도 지니고 있다. a- 는 on이 약해진 형태이다. aboard의 경우, 이 형태 외에 on board가 쓰인다. 즉, 두 가지의 형태가 공존한다.

다음에서 각 전치사에 담겨 있는 뜻을 살펴 보자.

<u>aboard</u>는 on board에서 왔다. board는 판자, 널판, 식탁 등을 가리키며, 전치사로 쓰일 때에는 차량의 바닥을 가리킨다. X aboard Y에서 X는 Y를 타고 있는 관계이다.

(1) There were 200 passengers aboard Boeing 737 May 8.
    5월 8일 보잉 737 위에는 200명의 승객이 타고 있었다.

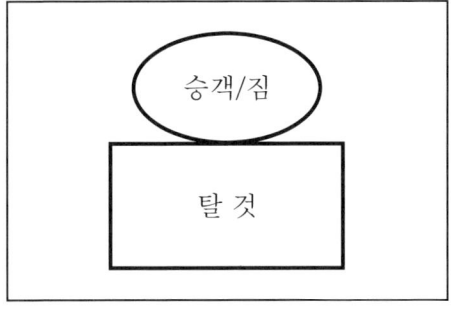

abroad

<u>about</u>은 on-by-outward에서 유래되었다. 그래서 X about Y에서 X는 Y의 '위나 곁'에 있는 관계를 나타내는 뜻을 갖는다.

(2) There are ears about the restaurant.
그 식당 주위에는 귀들이 있다.

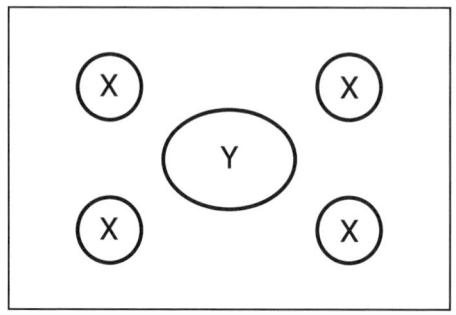

about

<u>above</u>는 on-be-upward의 뜻이 포함되어 있다. 여기서 '위'의 뜻이 담겨 있다. 그래서 X above Y에서 X는 Y의 위에 있다.

(3) The sky above us is cloudy.
우리 위의 하늘은 흐리다.

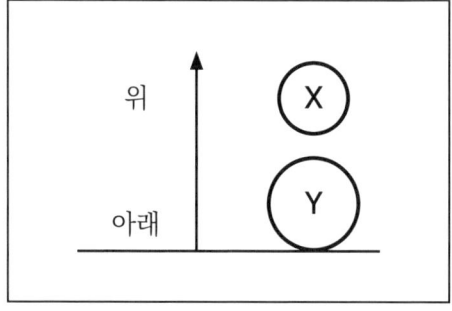

above

across는 on cross로써 cross의 뜻이 담겨 있다. cross는 명사로 쓰이면 '십자가' 등을 가리키고, 동사로 쓰이면 '가로지르다'의 뜻이다.

(4) We went across the street.
우리는 그 거리를 가로질러 갔다.

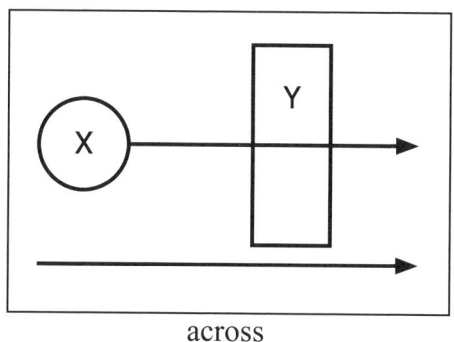

across

against는 X against Y에서 X와 Y가 서로 맞서는 관계를 나타낸다. 이것을 도식화하면 다음과 같다.

(5) He swam against the current.
그는 그 조류를 거슬러 헤엄쳤다. along은 on long으로 형용사 '길다'의 뜻이 담겨 있어서, 여기서 길이의 뜻이 나온다.

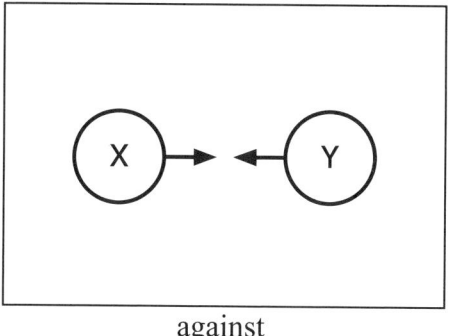

against

X along Y에서 X는 Y에 나란히 간다.

(6) He jogs along the river bank.
그는 그 강둑을 따라 조깅한다.

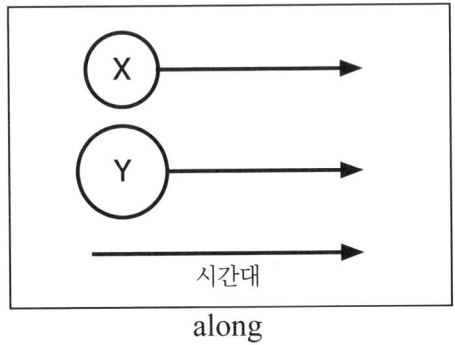

along

amid는 on middle의 뜻으로 '중간'의 뜻이 담겨 있다. 그래서 X amid Y에서 X는 Y의 사이에 있다.

(7) His cottage is amid trees.
그의 별장은 나무들 사이에 있다.

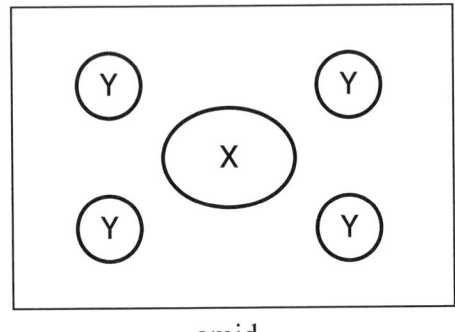

amid

among은 on crowd에서 온 것으로, crowd '군중' 뜻이 있다. 그래서 X among Y에서 X는 Y의 사이에 있다.

(8) He is among the best students in the school.
그는 그 학교에서 최우수 학생들 속에 든다.

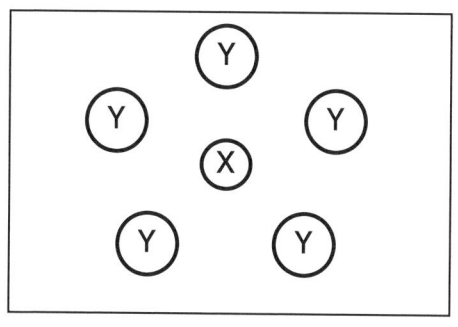

among

around는 on과 round에서 왔다. round는 형용사로 '둥글다'의 뜻이고, 동사로 쓰이면 '돌다'의 뜻이다. 그래서 X around Y에서 하나의 X가 Y의 주위를 돌거나, 여러 개의 X가 Y의 주위에 있는 관계를 그린다.

(9) a. The earth goes around the sun every year.
지구는 태양을 일 년에 한번 돈다.

b. The children sat around the fire.
그 아이들이 그 불 주위에 둘러앉았다.

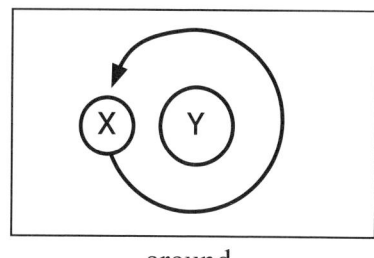
around

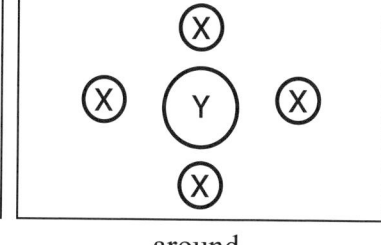
around

at은 X at Y에서 X가 점으로 인식되는 Y에 있는 관계를 나타낸다. 이것을 도식화하면 다음과 같다.

(10) His name is at the top of the waiting list.
그의 이름이 그 대기자 명단의 맨 위에 있다.

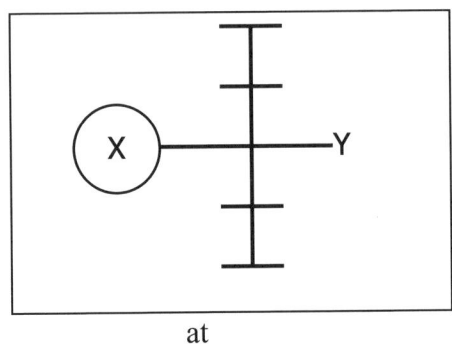

at

2. be-계열 전치사

이 계열에 속하는 전치사는 모두 접두사 be-로 시작된다. 이 접두사 be-는 어원상 현재의 by와 관련이 있다. 접두사 be- 뒤에 있는 성분은 어느 정도의 뜻을 가지고 있다.

before는 be-와 fore로 이루어져 있다. fore는 '앞'의 뜻으로 다음과 같은 표현에 쓰인다: foreground '전경', forehead '이마', forecast '예보하다'. 그래서 X before Y에서 X는 Y보다 시간상 앞선다.

(1) He arrived before us.
그는 우리보다 앞서 도착했다.

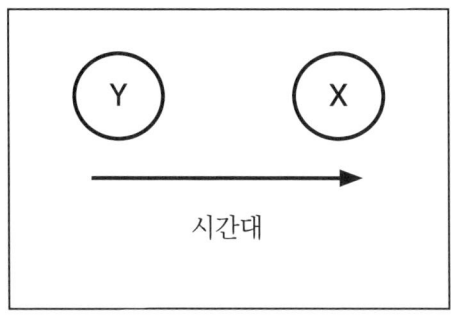

before

behind는 be-와 hind로 이루어졌다. hind는 '뒤'를 가리키고 다음과 같은 표현에 쓰인다: hind leg '짐승의 뒷다리'. 그래서 X behind Y에서 X는 Y의 뒤에 있다. 다음 도식에서 Y는 앞뒤에 구분이 있는 점이다.

(2) There is a dog behind your car.
당신의 차 뒤에 강아지가 있습니다.

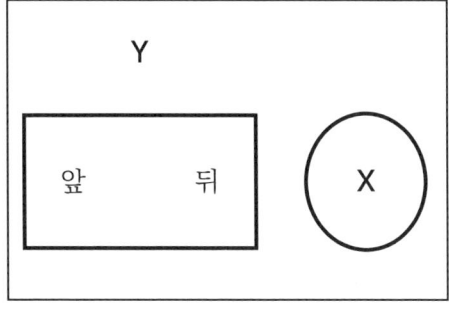

behind

<u>below</u>는 be-와 low가 합쳐져서 생긴 표현이다. low는 형용사로 '낮다'의 의미이다. 그래서 X below Y에서 X는 Y의 아래에 있다.

 (3) Busan is below Daegu.
   부산은 대구 아래에 있다.

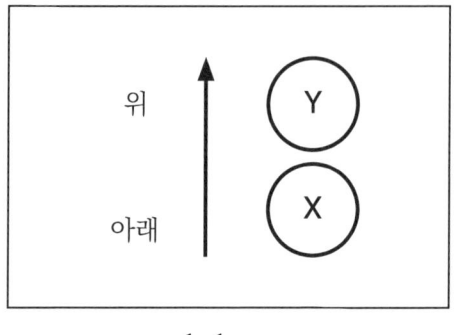

below

<u>beneath</u>는 be-와 neath가 합쳐진 전치사다. neath는 '아래', '밑'의 뜻이다. 그래서 X beneath Y에서 X는 Y의 밑에 있다.

 (4) The earth beneath our feet is shaking.
   우리 발 밑의 땅이 흔들리고 있다.

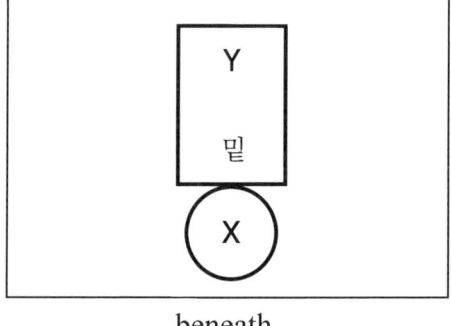

beneath

beside는 be-와 side가 합쳐져서 생긴 전치사이다. side는 명사로 쓰이면 '옆'의 뜻이다. 그래서 X beside Y에서 X는 Y의 옆에 있다.

(5) He stood beside me.
그는 내 옆에 섰다.

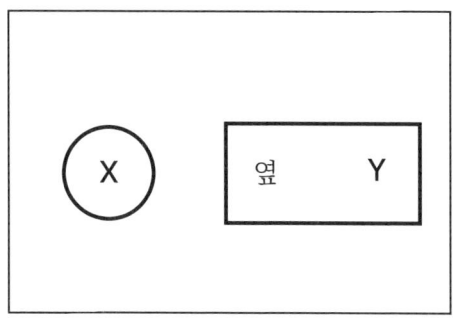

beside

beyond는 be-와 yond가 합쳐져서 생긴 전치사이다. yond는 '멀리', '너머'의 뜻이다. 그래서 X beyond Y에서 X는 Y 너머에 있다.

(6) There is a village beyond the mountain.
그 산 너머에는 마을이 있다.

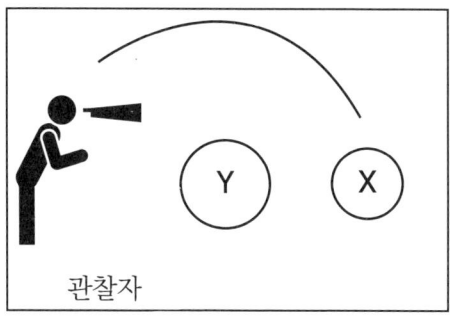

beyond

3. 대조 계열 전치사

의미가 대조되는 대조 계열에는 다음과 같은 전치사가 있다.

    above vs. below   in vs. out
    down vs. up   on vs. off
    from vs. to   over vs. under

위에 열거된 불변사는 전치사나 부사로 쓰인다. 다음에서는 전치사적 의미만 가리고 살펴 보겠다.

3.1. above vs. below

above는 a-계열, below는 be-계열에 속한다. 이 두 전치사는 위치상 대조가 된다. X above Y에서 X는 Y의 위에 있고, X below Y에서 X는 Y 아래에 있다. 이것을 그림으로 나타내면 다음과 같다.

(1) a. Gangneung is above Pohang.
       강릉은 포항 위에 있다.

   b. Pohang is below Gangneung.
       포항은 강릉 아래에 있다.

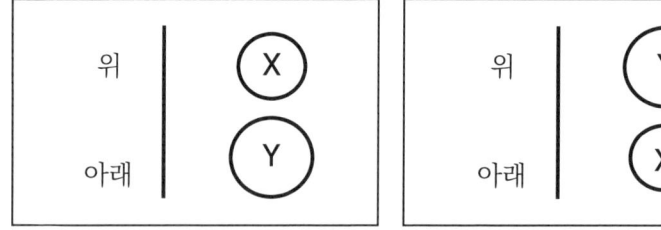

a. 전치사 above   b. 전치사 below

3.2. down vs. up

X down Y는 X가 Y를 따라 내려가는 관계를, X up Y는 X가 Y를 따라 오르는 관계를 그린다. 다음 예를 보자.

(1) He went up/down the hill.
그는 그 언덕을 따라 올라갔다/내려갔다.

up은 이동체 X가 산의 아래에서 위로 오르고, down은 이동체가 산의 위에서 아래로 내려가는 관계이다. 이것을 그림으로 나타내면 다음과 같다.

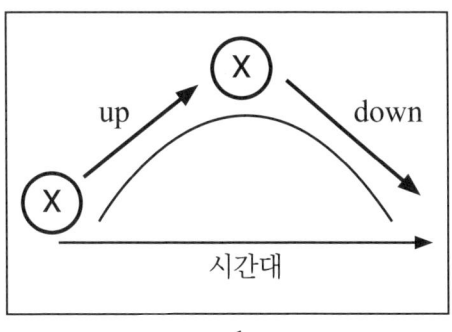

up vs. down

3.3. from vs. to

from X to Y에서 이동체가 출발지(source)를 떠나 목표인 G(goal)를 향해 가는 관계이다. 이것을 도식화하면 다음과 같다.

(1) He started from Gwangju and went to Mokpo.
그는 광주를 떠나 목포에 갔다.

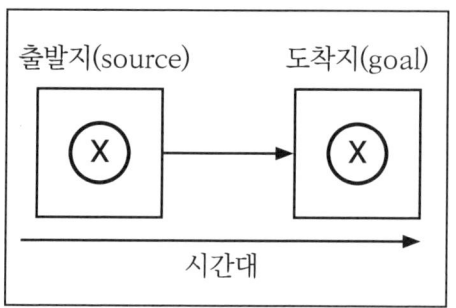

from vs. to

3.4. in vs. out

X in Y는 X가 Y를 통해 들어오는 관계를, X out Y는 X가 Y를 거쳐 나가는 관계를 나타낸다. in과 out의 전치사 용법을 비교하여 보자.

(1) My advice went in one ear and out the other.
    내 충고가 한 쪽 귀로 들어가서 다른 귀로 나간다.

in과 out은 다음과 같이 도식화될 수 있다.

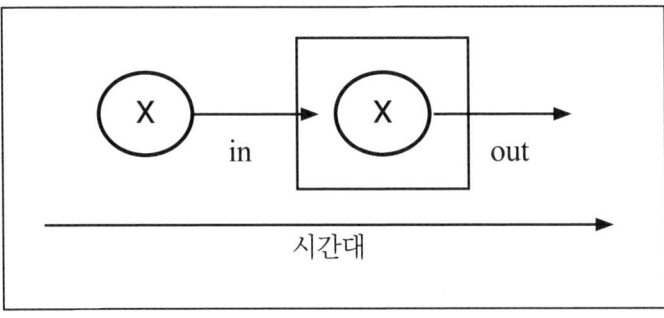

in vs. out

3.5. on vs. off

전치사 on은 X on Y에서 X가 Y에 접촉되는 관계를 나타내고, off는 X off Y에서 X에서 Y에 분리되는 관계를 나타낸다. 다음을 비교하여 보자.

(1) a. He stood on the podium.
　　　그는 그 시상대에 서있었다.
　　b. He stepped off the podium.
　　　그는 그 시상대에서 내려왔다.

위 a문장에서 주어는 시상대에 서 있을 때는 시상대와 접촉되어 있고, b문장에서 주어는 시상대에서 내려오면서 시상대에서 떨어져 나왔다. 이 두 전치사가 나타내는 관계는 다음과 같이 도식화 할 수 있다.

어느 시점(1)에서 X는 Y에 떨어져있다가 다른 시점(2)에서 X는 Y에 닿아 있다. 이 닿아 있는 관계가 또 다른 시점(3)에서는 떨어져 있다. 이것이 off가 나타내는 관계이다.

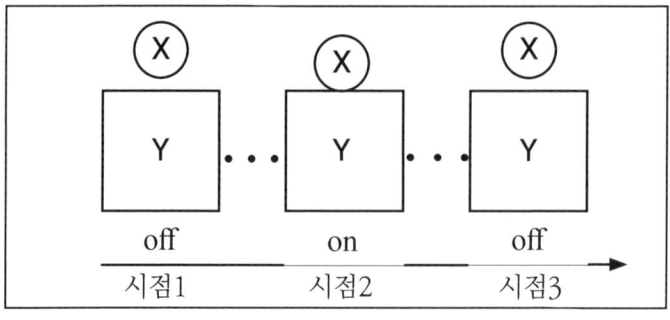

on vs. off

3.6. over vs. under

X over Y에서 X는 Y의 전형적인 관계에서 X는 Y 위에 있고, X는 Y보다 크다. 한편, X under Y는 X가 Y 아래에 있고 Y보다 작다. 이 두 관계를 그림으로 나타내면 다음과 같다. 다음 문장을 살펴 보자.

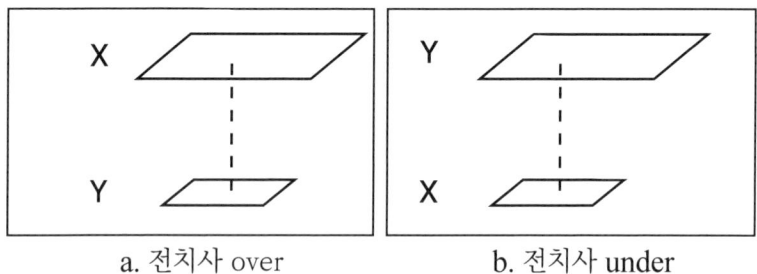

a. 전치사 over   b. 전치사 under

(1) a. He spread the sheet over the bed.
       그는 그 시트를 그 침대 위에 덮었다.

   b. He put the sheet under the bed.
       그는 그 시트를 그 침대 밑에 두었다.

4. 단독계열

단독계열 전치사에는 at, by, for, of, through, with 등이 있다. 이들은 『영어 전치사 연구』를 참조해 주길 바란다.

위의 전치사를 간단하게 도식을 중심으로 살펴 보겠다.

4.1. by

전치사 by는 X by Y에서 X가 Y의 영향을 받는 관계를 그린다. X는 Y의 영향을 받는 관계에 있거나, X가 과정이면 Y의 영향(힘)에 의해서 그 과정이 일어난다. 이것을 도식으로 나타내면 다음과 같다.

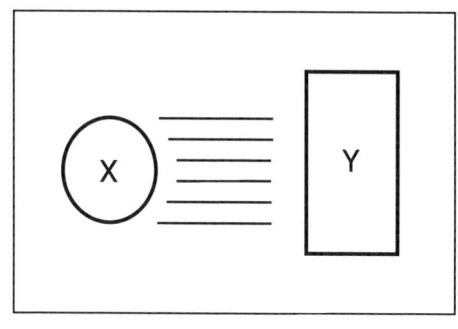

전치사 by

(1) a. He lives by the sea.
   그는 바닷가에(바다의 영향을 받는 곳에) 산다.

   b. He won the game by 3 goals.
   그는 그 경기를 세 골 차이로 이겼다.

   c. They live close by.
   그들은 (우리) 가까이에 산다.

4.2. for

전치사 for는 X for Y에서 이 둘이 교환되는 관계를 나타낸다. 아래 도식에서 A의 X는 B로 가고, B의 Y는 A로 간다.

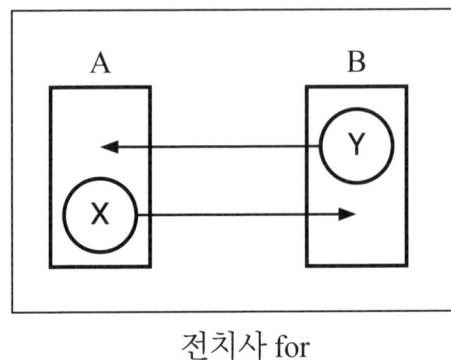

전치사 for

(1) He paid $1,000 for the new smartphone.
   그는 1,000불을 지불하고 그 새 스마트폰을 구입했다.

위 문장에서 1,000불과 스마트폰이 교환되는 관계를 for가 나타낸다.

4.3. of

전치사 of는 X of Y에서 X는 Y와 내재적 관계에 있다. 즉, X는 Y가 있어야 존재할 수 있다. 이 관계를 다음과 같이 도식화 할 수 있다. 다음 예를 살펴 보자.

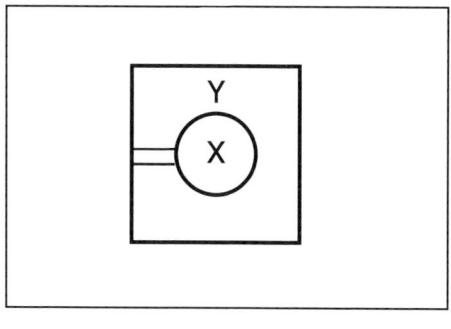

전치사 of

(1) a. a drop of water
    물 한 방울
   b. the top of the mountain
    그 산의 꼭대기

물방울과 물은 뗄 수 없고, 산 꼭대기와 산은 뗄래야 뗄 수 없는 관계이다.

4.4. with

전치사 with에서 X with Y의 X와 Y는 어떤 상황 속에서 참여하는 참여자들이다.

그림 속에 상황은 동행, 논쟁, 헤어짐 등이 있다:

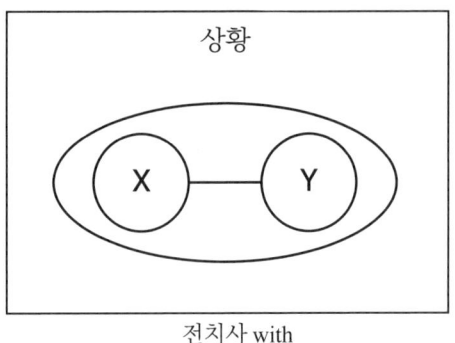
전치사 with

(1) a. He is cooperating with us.
그는 우리와 협조하고 있다.

b. He argued with her.
그는 그녀와 다투었다.

c. He broke up with his girlfriend.
그는 그의 여자친구와 헤어졌다.

5. 합성계열

합성계열 전치사는 두 개의 전치사가 합성되어 생겨난다. 영어에는 다음과 같은 합성전치사가 있다.

합성계열
into vs. out of
onto vs. off of

다음에서는 합성전치사가 어떻게 합성되는지 살펴보자. 두 요소가 합성되기 위해서는 두 요소 사이에 대응점이 있고, 이 대응점을 중심으로 한 요소를 다른 요소에 포개면 합성구조가 생겨난다. 먼저 into부터 살펴보자.

5.1. into

합성전치사 into는 부사 in과 전치사 to가 합성된 구조이다. 부사 in은 이동체가 어떤 영역에 들어가지만, 이 영역은 명시가 되지 않는다 (다음 도식 1a 참조). 이 영역은 명시가 되진 않았지만, 문맥이나 화맥을 통해서 추리만으로 알 수 있다. 그래서 Y는 없는 것이 아니라 암시되어 있다. 따라서, 이동체가 들어가는 곳은 점선으로 표시되어 있다.

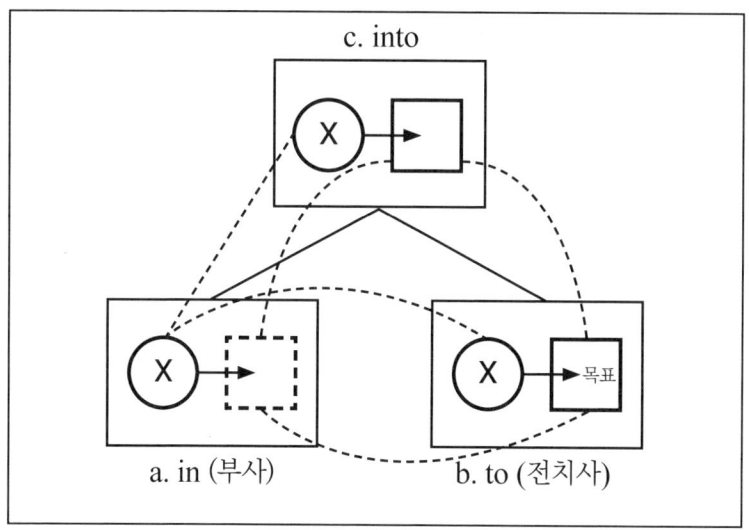

1a. into

부사 in과 전치사 to는 다음과 같이 합성된다. 위 도식 1a의 X와 1b의 X가 대응되고, 도식 1a와 1b의 네모가 대응된다. 도식 1b를 그림 1a에 포개면, 그림 1c, 즉, into로 합성된다. 전치사 to는 to가 이동체 X가 목표를 향하는 관계만을 나타내는데, 부사 in과 합쳐지므로 Y에 들어가는 관계가 된다.

아래에서 부사 in과 into를 잠깐 비교하여 보자.

(1) a. He went in.
그는 (어디에) 들어갔다.
b. He went into the study.
그는 서재에 들어갔다.

문장 1a에서는 문장 자체만으로 그가 어디에 들어갔는지 알 수가 없다. 그러나 화맥이나 맥락에 의해서 그가 어디에 들어갔는지 청자가 알 수 있다고 화자가 판단할 때 부사 in이 쓰인다.

반면, 1b문장에서는 into가 쓰여서 그가 들어간 곳이 명시되어 있다.

(1) a. He went into the office.
그는 그 사무실에 들어갔다.
b. He ran into his house.
그는 그의 집에 뛰어 들어갔다.

5.2. onto

합성전치사 onto는 부사 on과 전치사 to로 합성되어 있다. 먼저 부사 on은 접촉을 나타낸다. 다음 도식 a에서 X는 Y에 닿거나 이어져있다. 그러나 X가 어디에 닿아 있는지는 명시되어 있지 않다. 하지만 Y의 정체는 화맥이나 문맥에서 추리될 수 있으므로 점선으로 표시했다. 전치사 to는 이동체 X가 Y를 목표로 하고 있는 관계를 나타낸다.

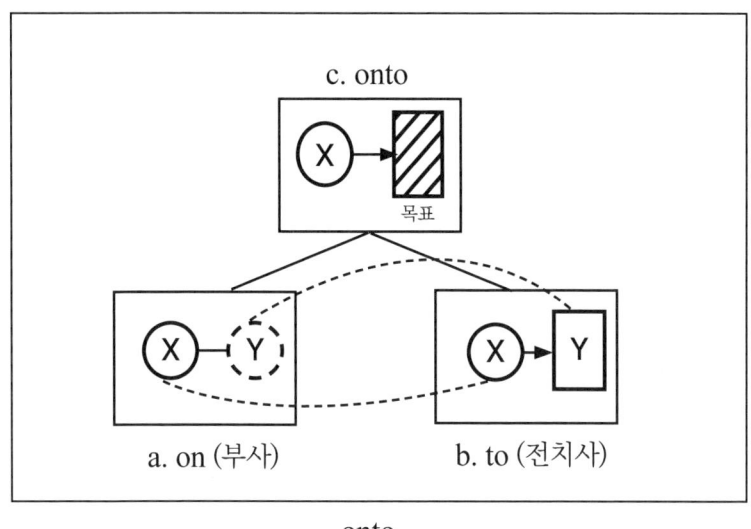

onto

부사 on과 전치사 to는 다음과 같이 합성된다. 부사 on의 X와 전치사 to의 X가 대응된다. 다음으로 부사 on의 점선 Y와 전치사 to의 Y가 대응된다. 대응선을 따라 그림 b를 그림 a에 포개면 그림 c, 즉 onto가 합성된다. 이것은 이동체가 이동을 해서 Y에 닿는 관계를 그린다.

다음 두 문장을 비교하여 보자.

(1) a. The cup fell on the floor.
   그 컵은 마루에 떨어졌다(닿아 있다).
   b. The cup fell onto the floor.
   그 컵은 떨어져 이동을 해서 마루에 떨어졌다.

위 문장 a는 컵이 떨어져 닿아 있는 부분이 마루임을 가리키고, 문장 b는 컵이 어디에서 떨어져 마루에 가서 닿는 이동도 포함된다.

5.3. out of

out of는 부사 out과 전치사 of로 이루어진다. 부사 out은 이동체가 어떤 영역을 벗어나는 관계를, 그리고 전치사 of는 X of Y에서 X가 Y와 내재적인 관계에 있음을 나타낸다.

부사 out과 of는 다음과 같이 통합된다. 다음 도식 a는 부사 out의 도식이다. 이동체 X가 어떤 영역을 벗어난다. 그러나 이 영역은 암시만 되어있다(점선으로 표시되어 있다). 다음 도식 b는 of의 도식으로, X와 Y가 내재적 관계에 있다. X는 Y 없이는 존재할 수 없다.

이 두 요소가 통합되기 위해서는 대응점이 있어야 한다. out의 이동체 X와 of의 X가 대응된다. 이 대응관계는 점선으로 표시되어 있다. 다음 out의 점선 네모와 of의 실선 네모가 대응된다. 이 대응점을 따라 도식 b를 도식 a에 포개면 도식 c가 나온다.

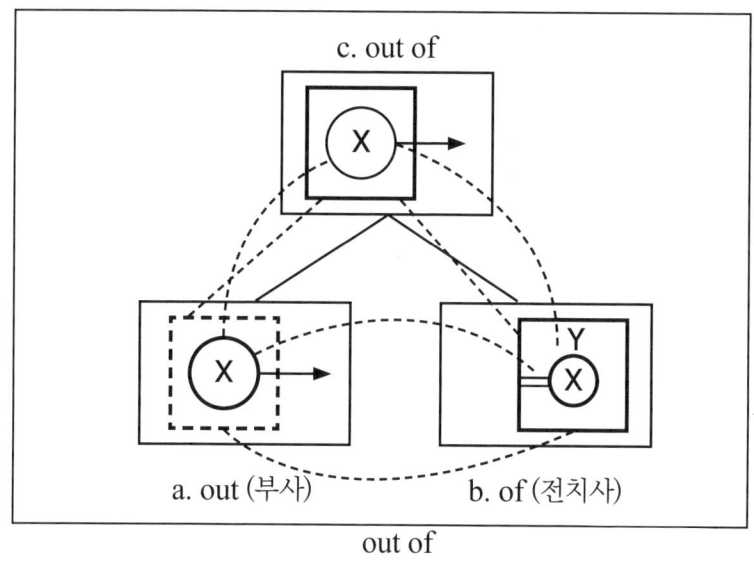

out of

(1) a. He came out.
　　그는 (어디에서) 나왔다.
　b. He came out of the library.
　　그는 그 도서관에서 나왔다.

5.4. off of

합성전치사 off of는 부사 off와 전치사 of로 이루어진다. 부사 off의 X off (Y)에서 X가 어디에서 떨어져 있는 관계를, 그리고 전치사 of는 X of Y에서 X가 Y의 내재적 관계에 있음을 나타낸다. 부사 off는 도식 a, 전치사 of는 도식 b로 나타내었다. 점선을 따라 도식 a를 도식 b에 포개면, 도식 c, 즉 off of가 합성된다.

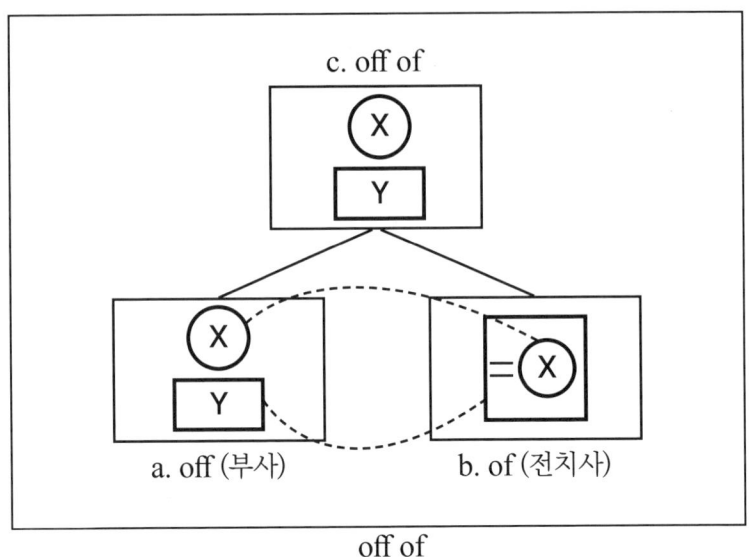

off of

(1) a. The helicopter took off.

그 헬리콥터가 이륙했다.

b. The helicopter took off of the ground.

그 헬리콥터가 땅에서 떠났다. 즉, 이륙했다.

요약

지금까지 우리는 영어 전치사를 a-계열, be-계열, 대조 계열, 단독 계열, 그리고 합성 계열로 나누어서 간략하게 살펴 보았다. 아래서 at, in, 그리고 on을 본격적으로 살펴 보겠다.

영어전치사
AT, IN, ON

03

AT, IT, ON의 분석

영어전치사
AT, IN, ON

03-1
AT,IT,ON의 분석

AT

0. AT은 전치사로만 쓰인다.

1. 전치사 용법

전치사 **at**은 X at Y에서 X는 점으로 풀이되는 Y에 위치한다. 이 관계는 도식1에 표현되어 있다. Y는 영역으로 풀이될 수 있는 경우에도 **at**이 쓰이면 점으로 인식된다. 다음 예에서는 점으로 생각되는 예를 나누어 살펴보자.

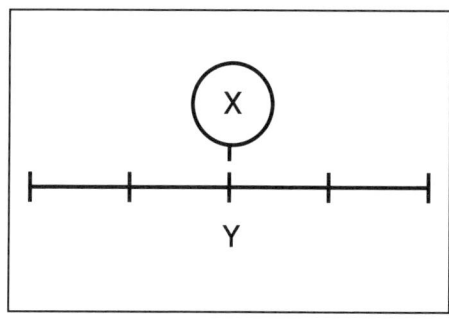

도식1. 전치사 **at**

1.1. 위도, 경도, 고도, 심도

전치사 at은 X의 속도, 고도, 경도 등을 나타낼때 쓰인다.

(1) a. **At** these latitudes, we get strong winds.
   이 위도 상에서 우리는 강한 바람들을 맞는다.

b. The country is located **at** longitude 127 East and **at** latitude 27 North east.
   그 나라는 동경 127°, 북위 27°에 위치한다.

c. The animals live **at** the height of 8,600 feet.
   그 동물들은 8,600 피트에서 산다.

d. He is **at** the pinnacle of his profession.
   그는 자신의 전문직의 정점에 있다.

e. The plane blew up **at** a high **at**titude.
   그 비행기는 높은 고도에서 폭발했다.

f. The earthquake occurred **at** a low depth.
   그 지진은 얕은 깊이에서 일어났다.

1.2. 꼭대기, 바닥

물건의 꼭대기, 바닥 등은 점으로 인식된다.

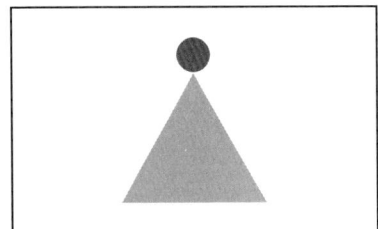 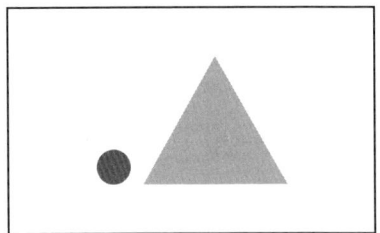

a. top b. foot

(2) a. The temple is **at** the top of the hill.
그 절은 그 언덕의 꼭대기에 있다.

b. He is **at** the peak of his health.
그는 자신의 건강의 최고정점에 있다.

c. The house is **at** the foot of the hill.
그 집은 그 언덕의 기슭에 있다.

d. He is **at** the bottom of his class.
그는 그 반의 꼴찌에 있다.

e. He is **at** the bottom of the social ladder.
그는 사회계층의 최하위 계급에 있다.

f. The vase widens **at** the base.
그 화병은 밑 쪽에서 넓어진다.

g. The scandal worn down **at** the heels.
그 샌들은 밑이 닳아서 납작해졌다.

1.3. 위치: 앞, 뒤, 옆

물건의 앞, 뒤, 옆 등을 면적은 생각하지 않고 위치만을 가리키고 싶을 때에는 전치사 **at**이 쓰인다.

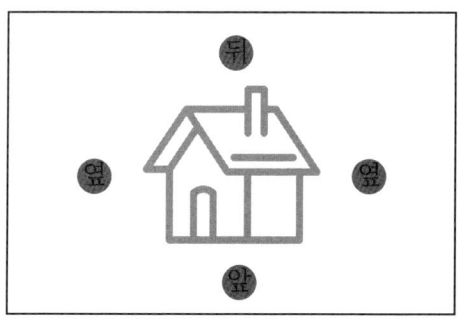

(1) a. There is a pine tree **at** the front of the house.
　　　그 집 앞에 소나무 한 그루가 있다.

　　b. There is a swimming pool **at** the back of the house.
　　　그 집 뒤에 수영장이 있다.

　　c. There is a garage **at** the side of the house.
　　　그 집 옆에 차고가 있다.

　　d. The car has the engine **at** the front/**at** the rear.
　　　그 차는 엔진이 앞/뒤에 있다.

다음 X **at** Y에서도 X는 Y가 가리키는 한 지점에 있다. 즉, X는 손가락, 손, 팔이 닿는 거리에 있다.

(2) a. Keep the dog **at** a boy.
　　　그 개를 멀리 있게 하여라.

　　b. Put your smartphone **at** hand.
　　　그 스마트폰을 가까운 곳에 두세요.

　　c. We kept him **at** arm's length.
　　　우리는 그를 팔거리에 두었다. 즉, 멀리 두었다.

　　d. The technology is **at** his fingertip.
　　　그 기술은 그의 손끝에 있다. 즉, 쉽게 이용할 수 있다.

　　e. The boy followed his mom **at** a distance.
　　　그 소년은 먼 거리에서 엄마를 따라갔다.

　　f. The army fired **at** the enemy **at** a close range.
　　　그 군대는 가까운 사거리에서 적군을 쏘았다.

1.4. 속도, 온도, 각도, 정도

다음에서 X는 온도, 속도, 각도 등이고, 이들은 척도상의 한 눈금인 Y에 위치한다.

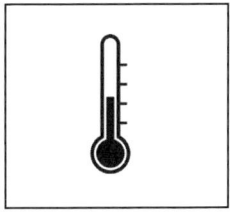
a. 온도

b. 속도

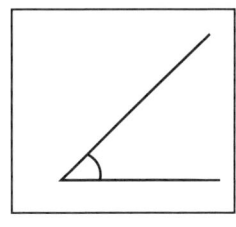
a. 각도

(1) a. Water boils **at** 100°C.
　　물은 섭씨 100도에서 끓는다.

　b. Store the wine **at** room temperature.
　　그 와인은 상온에 보관하세요.

　c. It will peak **at** 36°C.
　　그것은 36도에 달할 것이다.

　d. He drove **at** the speed of 100km/h.
　　그는 시속 100킬로미터로 운전했다.

　e. Travellers passing through the airport are growing **at** an annual rate of 4%.
　　그 공항을 거치는 여행객들이 연간 4% 비율로 증가하고 있다.

　f. The building is tilting **at** a dangerous angle.
　　그 건물은 위험한 각도로 기울고 있다.

　g. The tower leans **at** an angle of 40 degrees.
　　그 탑은 40도 각도로 기운다.

h. The pot cracked **at** a high temperature.
   그 자기가 고온에서 금이 갔다.

1.5. 가격, 원가, 가치

가격, 원가 등도 척도 상의 눈금에 위치하는 것으로 볼 수 있다.

(1) a. The restaurant serves good foods **at** reasonable prices.
   그 식당은 좋은 음식들을 적당한 값에 제공한다.

   b. He made a fortune **at** the expense of his health.
   그는 큰 재산을 그의 건강을 대가로 벌었다.

   c. He earned the victory **at** a cost.
   그는 그 승리를 비싼 값을 치르고 얻었다.

   d. Don't take his promise **at** its face value.
   그의 약속을 액면가로 받아들이지 마세요.

   e. China is dumping steel **at** a low price.
   중국이 철강을 저가에 처리하고 있다.

   f. The car is valued **at** $10,000.
   그 자동차는 1만 불에 값이 매겨져 있다.

   g. The house was sold **at** $200,000.
   그 집은 20만불에 팔렸다.

1.6. 수준, 단계

수준(level)이나 단계(stage)도 선 상의 한 점으로 간주된다.

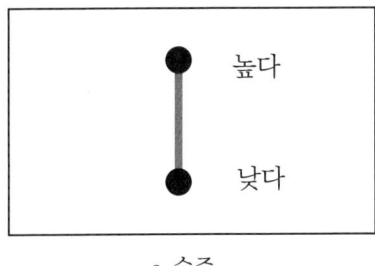
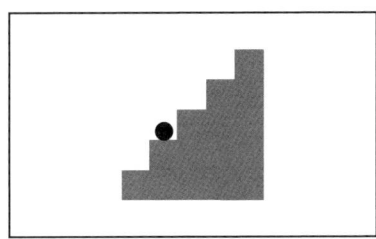

a. 수준   b. 단계

(1) a. The organization is corrupt **at** every level.
   그 조직체는 각 수준에서 부패해 있다.

   b. Unemployment is **at** its highest/ lowest level.
   실업은 최고/ 최저 수준에 있다.

   c. Aviation of the country is **at** the ground level.
   그 나라의 비행은 바닥 단계에 있다.

   d. The program is **at** an early/late stage of development.
   그 프로그램은 발전의 초기/후기단계에 있다.

   e. The economy is **at** a developing stage.
   그 나라 경제는 발전 단계에 있다.

   f. Employment is **at** a record high/low.
   고용이 기록적으로 높은/낮은 수준에 있다.

1.7. 공항, 항구, 정류장

다음은 지하철 노선 그림이며, 각 역은 점으로 표시되어 있다.

도시 같이 영역이 있는 장소도 항로, 해로, 선로, 지하철 노선 상에서는 점으로 표현된다. 다음 a문장에서 Honolulu는 영역이 있는 곳이지만, 항로나 해로 상에서는 점으로 인식된다.

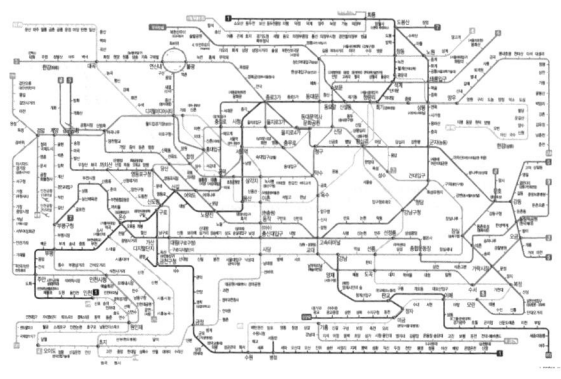

지하철 노선도: 역은 점으로 표시

(1) a. He arrived **at** Honolulu.
 그는 호놀룰루에 도착했다.

 b. He got off **at** Jong-ro.
 그가 종로에서 내렸다.

 c. He stopped **at** Daegu on his way to Busan.
 그는 부산에 가는 길에 대구에서 멈추었다.

 d. The marathon starts **at** Gwanghwamun square.
 그 마라톤은 광화문광장에서 시작한다.

 e. The cruiser anchored **at** the port city of Busan.
 그 여객선이 항구도시 부산에 닻을 내렸다.

f. The space shuttle safely docked **at** the international space station.
그 우주왕복선은 그 우주정거장에 안전하게 정박했다.

1.8. 지번, 주소

집주소나 email 주소도 점으로 표현된다.

(1) a. Call me **at** 1234-5678.
1234-5678로 나에게 전화해다오.
b. He lives **at** 25 Kamoku street, Honolulu.
그는 호놀룰루의 카모쿠가 25번지에 산다.
c. E-mail me **at** abc@gmail.com.
abc@gmail.com으로 연락주세요.
d. Follow me **at** twitter.com.
트위터 계정에서 나를 팔로우 해주세요.
e. He made a reservation **at** yeyak.com.
그는 yeyak.com에서 예약을 했다.

1.9. 최상 및 최하급, 최고 및 최저

다음과 같은 최상이나 최하를 가리키는 표현도 척도 상의 점으로 인식되어 **at**과 함께 쓰인다.

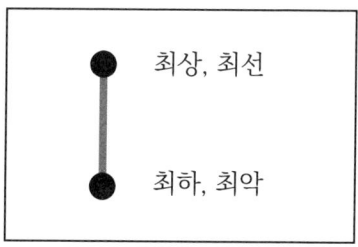

(1) a. He is 50 **at** most/ **at** least.
   그는 많이 잡아도/ 적게 잡아도 50세이다.

 b. **At** first, I thought he was American.
   처음에 난 그가 미국인이라고 생각했다.

 c. **At** last, we reached the summit.
   마침내 우리는 그 정상에 이르렀다.

 d. His response will be, **at** best, cool.
   그의 대답은 가장 좋게 한다고 해도 냉담할 것이다.

 e. **At** worst, he will have to pay a fine.
   최악의 경우, 그는 벌금을 물어야 할 것이다.

 f. The ship can travel **at** a maximum speed **at** 80km per hour.
   그 배는 최고 시속 80km로 갈 수 있다.

 g. He is driving **at** full speed.
   그는 전속력으로 운전했다.

 h. We can deliver the parcel in two weeks **at** the earliest.
   우리는 그 소포를 가장 빠르면 2주 안에 배달할 수 있습니다.

 i. Applications must be in, **at** the latest, by next Monday.
   지원서는 가장 늦어도 다음주 월요일까지 들어가 있어야 합니다.

 j. The factory is running **at** full capacity.
   그 공장은 최대치로 가동 중이다.

1.10. 기능적 및 구조적 관계

X가 Y에 기능적으로나 구조적으로 연관이 있을 때 **at**이 쓰인다. 식당의 경우 손님, 종업원, 식탁, 식사, 주차장 등과 연관되어 있을 수 있다. 이러한 관계는 전치사 **at**으로 표현된다. 다음 예의 X at Y에서 X가 될 수 있는 것을 살펴보자.

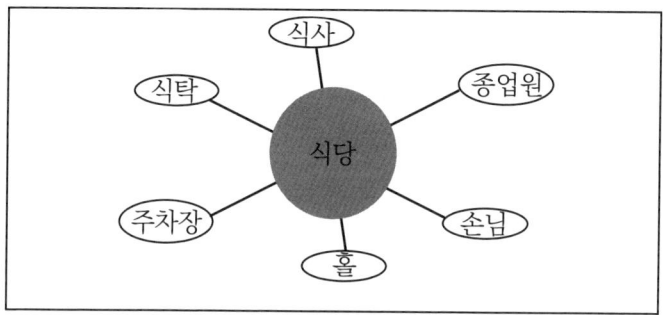

(1) a. We dined **at** the restaurant.
   우리는 그 식당에서 저녁을 먹었다.

   b. The chef works **at** the restaurant.
   그 요리사는 그 식당에서 일한다.

   c. We reserved a table **at** the restaurant.
   우리는 그 식당에 식탁 하나를 예약했다.

   d. There is a large parking lot **at** the restaurant.
   그 식당에는 큰 주차장이 있다.

   e. The food **at** the restaurant is excellent.
   그 식당 음식은 매우 좋다.

1.11. 행사나 행사의 장소 (venue)

행사(event)는 어떤 장소나 시간과 관련된다. 전치사 at은 장소의 위치를 표현한다.

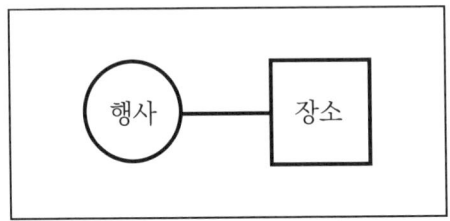

(1) They held the ceremony **at** the stadium.
그들은 그 의식을 그 체육관에서 가졌다.

행사 장소는 전치사 in으로도 표현될 수 있으나 행사의 위치만을 표현할 때에는 at이 쓰인다. 몇 가지 예를 더 살펴보자.

(2) a. He spoke **at** the UN general Assembly.
그는 유엔 총회에서 연설을 했다.

b. He played **at** a great venue.
그는 큰 장소에서 공연을 했다.

c. He bought clothes **at** the bazaar.
그는 옷들을 그 바자에서 샀다.

d. He announced the news **at** a press conference.
그는 그 기자회견에서 그 뉴스를 발표했다.

e. He appeared **at** the trial.
그는 재판에 나타났다.

f. He works **at** a part-time job.
    그는 시간제 일자리에서 일하고 있다.

g. He got a soda **at** a soda fountain.
    그는 음료수를 소다수 판매점에서 샀다.

h. They are **at** a rally/vigil.
    그들은 집회/기도에 참석하고 있다.

i. They dined **at** Peace House.
    그들은 평화의 집에서 정찬을 했다.

j. He parked **at** a paid parking.
    그는 유료주차장에 주차했다.

k. The promise was made **at** a swearing-in ceremony.
    그 약속은 취임식에서 만들어졌다.

l. Lobster was served **at** the banquet.
    바닷가재가 그 연회에 제공되었다.

m. He spoke **at** a public event.
    그는 공식행사에서 연설했다.

n. The children swam **at** a pool.
    그 아이들은 수영장에서 수영을 했다.

1.12. 이용자나 참여자

다음에서 X는 Y가 제공하는 기능의 이용자나 참여자이다. Y는 가구, 건물, 기관, 모임, 식사, 과정, 상태 등이다.

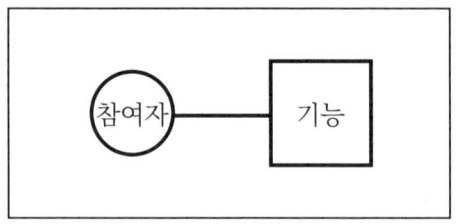

1.12.1. 책상, 피아노, 컴퓨터

다음 a문장에서 주어(he)는 책상 옆에 있기만 하는 것이 아니라 desk의 기능을 이용한다. 그 다음 표현도 이와 마찬가지다.

(1) a. He is sitting **at** his desk writing a paper.
   그는 그의 그 책상에 앉아서 논문을 쓰고 있다.

   b. She is **at** the stove cooking dinner.
   그녀는 저녁을 지으면서 그 화로에 일하고 있다.

   c. He is **at** the wheel.
   그가 운전을 하고 있다.

   d. He is **at** the helm of the project.
   그가 그 기획사업의 키를 조종하고 있다.

   e. He is **at** the piano, playing a son**at**a.
   그는 피아노에 앉아서 소나타를 연주하고 있다.

   f. He is **at** the control.
   그는 제어장치를 운전하고 있다.

1.12.2. 극장, 병원, 학교, 교회

다음 X **at** Y에서 Y는 극장, 병원, 학교 등이고, X는 이러한 건물이나 조직의 기능에 참여한다.

 (1) a. He is **at** the theater.
    그는 그 극장에서 연극을 보고 있다.
   b. He is **at** the hospital.
    그는 그 병원에 일하고 있다.
   c. He is **at** school.
    그는 학교에서 공부를 하고 있다.
   d. He is **at** church.
    그는 교회에서 예배를 보고 있다.

1.12.3. 기관과 종사자

X at Y에서 X는 종사자이고, Y는 기관이다.

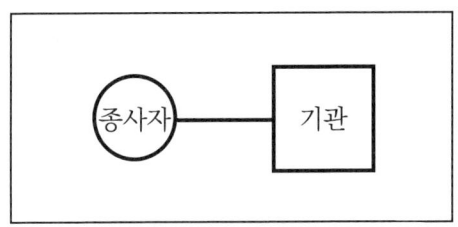

 (1) a. a senior fellow **at** the research institute
    그 연구기관의 선임 연구관

b. a professor **at** the university
      그 대학의 교수
   c. a graduate student **at** the university
      그 대학의 대학원생
   d. an agent **at** FBI
      연방수사국의 요원

1.12.4. 모임

다음 X at Y에서 Y는 회의나 파티 같은 모임이고, X는 이러한 모임에 참여한다.

   (1) a. He is **at** the meeting.
          그는 그 회의에 참석하고 있다.
       b. They are **at** the party.
          그들은 그 파티에 참석하고 있다.
       c. She is **at** the wedding.
          그녀는 그 결혼식에 참석하고 있다.
       d. He was **at** the rally.
          그는 그 집회에 참여했다.
       e. They are **at** the reception.
          그들은 그 환영회에 참석하고 있다.

동사 keep, work 그리고 be도 **at**과 같이 쓰이며, 이 때도 주어는 참여자 역할을 한다.

   (2) a. The work is not hard. Just keep **at** it.
          그 일은 어렵지 않다. 계속해서 시도해라.

    b. Come on. Keep **at** it. It is almost finished.
       계속해라. 계속해서 그 일을 하라. 일이 거의 끝났다.

    c. Playing the guitar is not easy. You have to work **at** it.
       기타치기는 쉽지 않다. 너는 계속해서 조금씩 연습을 해야 한다.

    d. He is hard **at** work.
       그는 열심히 일을 하고 있다.

1.12.5. 식사

다음 a문장의 **at**의 목적어는 식사이고 **at**과 같이 쓰이면 식사 중이라는 뜻이다.

  (1) a. He was **at** breakfast.
        그는 아침 식사 중이다.

     b. He is **at** lunch.
        그는 점심을 먹고 있는 중이다.

     c. The family is **at** dinner.
        그 가족은 정찬을 하고 있다.

     d. They are **at** the barbecue.
        그들은 고기를 구워먹고 있다.

1.12.6. 과정

다음에서 **at**은 사람인 주어 X가 과정 Y에서 행위자 역할을 함을 나타낸다.

(1) a. The country is **at** war with Israel.
그 나라는 이스라엘과 전쟁 상태에 있다.

b. The children are **at** play on the playground.
그 아이들은 그 놀이터에서 놀고 있다.

c. The men are **at** work.
그 남자들은 일한다.

d. They were **at** prayer in the chapel.
그들은 그 예배당에서 기도하고 있었다.

e. The players are **at** practice.
그 선수들은 연습하고 있었다.

1.12.7. 상태

다음에서 X는 Y가 가리키는 상태에 있다.

(1) a. He is **at** liberty to go his way.
그는 제 갈 길을 갈 수 있는 자유가 있다.

b. His life is **at** risk.
그의 목숨이 위험에 처해 있다.

c. Lots of money is **at** stake.
많은 돈이 걸려있다.

d. He is **at** rest.
그는 쉬고 있다.

e. The country is **at** odds with Mexico.
그 나라는 멕시코와 사이가 좋지 않다.

다음 a문장에서 살인범이 넓은 지역과 관계가 있다는 것은 오리무중의 뜻이다. b문장에서도 내가 넓은 바다에 있다는 것은 혼란스러워서 어쩔 줄 모르는 상태에 있다는 뜻이다.

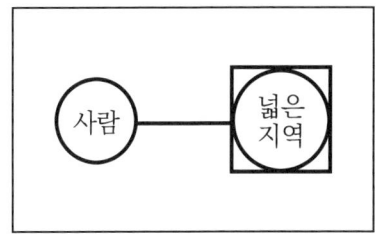 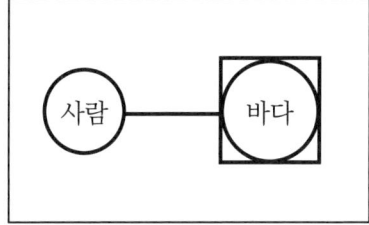

(2) a. The killer is **at** large.
   그 살인범은 넓은 영역에 관련되어 있다. 즉, 오리무중이다.

   b. I am **at** sea with the new regulation.
   나는 그 새 규정에 대해 바다 속에 있다. 즉, 잘 모르고 있다.

   c. He spoke on the issue **at** length.
   그는 그 쟁점에 대해 길게 말했다.

   d. I am not tired **at** all.
   나는 전혀 피곤하지 않다.

2. 시각과 과정

시간은 추상적이므로 구체적인 공간표현을 빌어서 표현된다. 구체적으로 시각(時刻)은 점 (**at**)으로 표현된다.

2.1. 시각 (時刻)

시각은 시간 선상에서 한 점으로 표시될 수 있으므로, 전치사 **at**으로 표현된다.

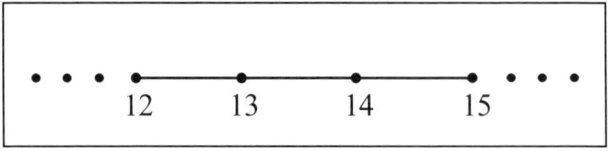

(1) a. He gets up **at** 6.
그는 6시에 일어난다.

b. The meeting starts **at** 9 O' clock.
그 회의는 9시에 시작된다.

c. The plane took off **at** 7 p.m.
그 비행기는 오후 7시에 떠났다.

d. The train arrived **at** Seoul **at** 3 O' clock.
그 기차는 서울에 3시에 도착했다.

e. News comes **at** the top/bottom of the hour.
뉴스는 매시 정각/매시 반에 옵니다.

2.2. 새벽, 해돋이, 정오

시계로 시간을 표시할 수도 있지만 해나 달의 위치 등으로 시각을 표시할 수도 있다. 새벽, 해돋이, 정오, 황혼, 밤 등은 해나 달의 위치로 표현된다.

(1) a. The expedition started **at** dawn.
그 원정대는 새벽에 떠났다.

b. My grandfather gets up **at** sunrise and goes to bed **at** sunset.
할아버지는 해가 뜰 때 일어나고, 해가 질 때 주무신다.

c. The explosion occurred **at** noon.
그 폭발은 정오에 일어났다.

d. He studied late **at** night.
   그는 밤 늦게 공부했다.

e. **At** dusk, we returned home.
   황혼에 우리는 집에 돌아왔다.

f. **At** midnight, the temperature dropped sharply.
   한밤 중에 기온이 급격하게 낮아졌다.

2.3. 나이

나이도 시간선상, 점으로 생각된다.

(1) a. Mr. Mandela died **at** 81.
   Mandela씨는 81세에 죽었다.

b. He started to play the piano **at** the age of 6.
   그는 6세에 피아노를 치기 시작했다.

c. **At** your age, I worked very hard.
   네 나이 때에 나는 매우 열심히 일했다.

2.4. 순간, 시점

Moment(순간), point(시점), time과 같은 짧은 시간도 시간선 상의 시점으로 인식될 수 있다.

(1) a. **At** the moment, he is working on his report.
   그 순간 그는 그의 보고서 작업을 하고 있다.

b. **At** this point in history, a war broke out in the peninsula.
   역사 상 이 시점에서 전쟁이 그 반도에서 터졌다.

c. **At** that time, he was working **at** the factory.
   그 당시 그는 그 공장에서 일하고 있었다.

d. **At** all times, he knew what was going on.
   모든 시점에서 그는 무엇이 일어나고 있는지 알고 있었다.

e. We clicked **at** the same time.
   우리는 동시에 클릭했다.

f. **At** the time of the incident, he was away.
   그 사고가 난 시점에 그는 출장 중이었다.

g. He came **at** a later time.
   그는 그보다 늦은 시점에 왔다.

h. **At** the outset, it was clear.
   처음 시작 시점에는, 날이 맑았다.

2.5. 명절, 휴일

명절이나 휴일도 시간 상의 점으로 표현될 수 있다. 큰 도시가 점으로 파악될 수 있는 것과 마찬가지로, 기간이 있는 휴일도 점으로 시간 선상에 점으로 인식될 수 있다.

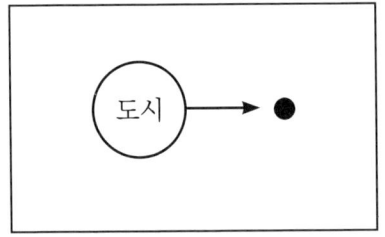

a. 공간이 점으로

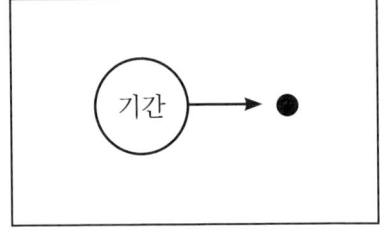

b. 기간이 점으로

(1) a. **At** Christmas, we all got together.
　　　크리스마스에 우리는 함께 모인다.

　b. We had lots of food **at** Thanksgiving.
　　　우리는 추수감사절에 많은 음식을 먹었다.

　c. **At** Chuseok, we prepared lots of food.
　　　추석에 우리는 많은 음식을 장만했다.

　d. **At** Easter, we eat eggs.
　　　부활절에 우리는 달걀을 먹는다.

Hour도 시간이지만, 시각으로 표현될 수 있다.

(2) a. **At** this hour, traffic is heavy.
　　　이 시간에는 교통량이 많다.

　b. We will meet **at** a later day.
　　　우리도 차후 어느 날에 만날 것이다.

　c. **At** this hour, it is snowing hard.
　　　이 시간에 눈이 심하게 내리고 있다.

　d. **At** the 11th hour, the two countries reach agreement.
　　　마지막 순간에 그 두 나라는 합의에 이르렀다.

2.6. 탄생, 사망

탄생(birth)와 사망(death)도 at과 같이 쓰이면 시점으로 인식된다.

(1) a. **At** birth, the cub was blind and helpless.
　　　태어날 때, 그 새끼는 볼 수도 없고, 아무 일도 할 수 없다.

　b. **At** death, he was very famous.

죽을 때, 그는 매우 유명했다.

   c. I was with him **at** his end.
     나는 임종의 그와 함께 있었다.

다음에서 at times나 at intervals는 복수형의 빈도 수를 나타낸다.

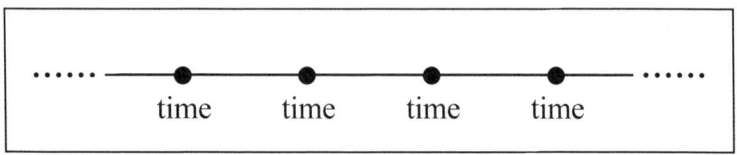

(2) a. He calls in on his parent **at** times.
     그는 때때로 부모님을 들여다보거나 전화를 드린다.

   b. He humbles **at** all times.
     그는 언제나 겸손하다.

   c. He comes to Korea **at** regular intervals.
     그는 한국에 정규적인 간격으로 온다.

   d. **At** times, he comes here to see us.
     때때로 그는 우리를 보러 온다.

3. 기간과 과정

기간에도 시작과 끝이 있고, 과정에도 시작과 끝이 있다. 이 시점들은 전치사 **at**으로 표현된다.

3.1. 기간의 시작과 끝

하루, 주, 달 등은 기간이고, 이 기간에는 시작과 끝이 있다.

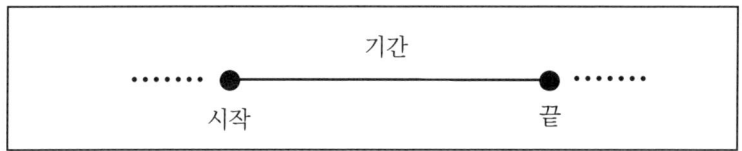

(1) a. **At** the start of the day, we have a staff meeting.
   그날의 시작시점에서 우리는 직원회의를 갖는다.

   b. **At** the end of the day, everything turned out ok.
   그날이 끝나는 시점에 (또는 결국에) 모든 일이 순조롭게 되었다.

   c. **At** the close of the day, we offer prayer.
   하루가 끝나는 시점에 우리는 기도를 올린다.

3.2. 과정의 시작과 끝

과정(process)은 기간 속에 일어나고 이것도 시작과 끝이 있다. 다음에서는 과정의 끝과 시작이 표현되어 있다.

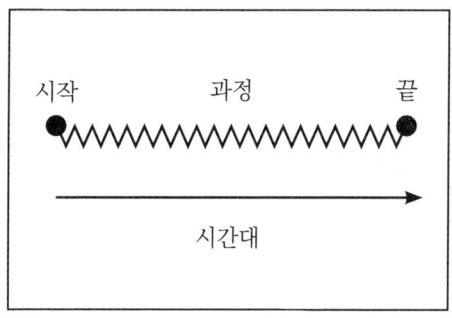

(1) a. **At** the start of the concert, the light diminished.
   그 음악회가 시작되는 시점에서 불이 희미하게 되었다.

   b. **At** the end of the show, lights came on.
   그 쇼가 끝나는 지점에서 불이 들어왔다.

c. **At** the beginning of the ceremony, there was an invocation.
   그 의식의 시작점에, 신을 불러들이는 의식이 있었다.

3.3. 과정 at one 명사

다음은 「과정1 **at** one 명사」의 표현으로 첫 과정이 한 번의 시도로 이루어짐을 나타낸다.

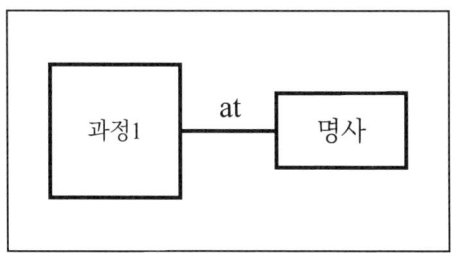

(1) a. He found out the problem **at** a glance.
      그는 한 번 휙 돌아보고, 그 문제를 파악해냈다.

   b. They fell in love with each other **at** first sight.
      그들은 처음 보자마자 서로 사랑에 빠지게 되었다.

   c. He drank a can of beer **at** a gulp.
      그는 맥주 한 통을 한 번에 꿀꺽 마셨다.

   d. **At** first blush, the problem seemed to be simple.
      언뜻 보기에 그 문제는 쉬워 보였다.

   e. He wrote up the news article **at** one go.
      그는 그 뉴스 기사를 한번의 시도로 마쳤다.

   f. She read the short story **at** one sitting.
      그녀는 그 단편 소설을 한 자리에서 끝냈다.

g. **At** the click of the button, the door opened.
   그 단추를 누르자 그 문이 열렸다.

h. The engine starts up **at** the push of the switch.
   그 엔진은 그 스위치를 누르면 작동된다.

4. 동사와 at

다음에서는 동사의 종류에 따라 **at**의 의미를 살펴본다. 지금까지 살펴본 at은 X가 Y의 눈금상의 한 점에 있는 관계였다. 다음에서 살펴볼 at은 X가 이동을 해서 Y의 한 점에 닿는 관계이다.

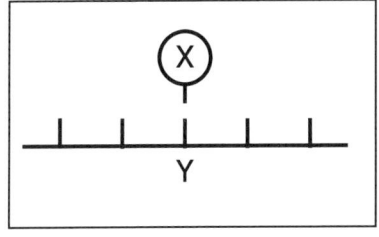
At: 정적 관계

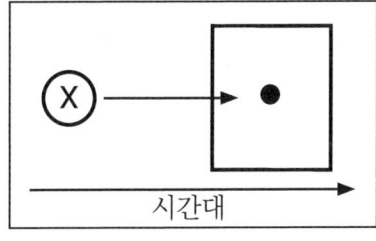
at: 동적 관계

4.1. 부분적 영향

다음에 쓰인 동사는 먹거나 씹는 과정과 관계가 있고, **at**은 주어인 X가 하는 행동이 Y에 부분적인 힘을 가하여 이것이 조금씩 영향을 받거나 줄어듦을 나타낸다. 이때 부사 away가 쓰이며 부사 away는 반복을 나타낸다.

(1) a. He is cutting away **at** the apple tree.
       그는 그 사과나무를 조금씩 계속해서 잘라냈다.

b. He is chipping away **at** the stone wall.
      그는 그 돌벽을 조금씩 찍어내고 있다.

   c. They are chopping **at** the tree.
      그들은 그 나무를 조금씩 찍고 있다.

   d. Vultures are tearing **at** the fallen deer.
      독수리들이 쓰러져 있는 그 사슴의 살점을 조금씩 뜯고 있다.

   e. The cold wind is nipping **at** my face.
      그 찬 바람이 내 얼굴을 조금씩 꼬집었다. 몹시 춥다.

4.2. 공격, 조롱

다음에 쓰인 동사는 의사소통동사나 이동동사이고, **at**은 X가 Y를 공격하는 관계에 있음을 나타낸다.

4.2.1. 의사소통 동사

(1) a. He shouted **at** me.
       그는 꾸짖으려고 또는 화가 나서 내게 큰소리로 말했다.

   b. He yelled **at** us.
      그는 우리를 꾸짖거나 화가 나서 우리에게 고함을 질렀다.

   c. He spoke **at** us.
      그는 화가 나서 우리에게 말했다.

다음 문장을 비교해 보자.

(2) a. He spoke **at** me.
       그는 (화가 나서) 내게 말했다.

b. He spoke **to** me.

그는 (무엇을 전달하기 위해서) 내게 말했다.

위 a문장은 그가 나를 꾸짖거나 공격하는 뜻을 나타내고, b문장은 그가 나에게 내용을 전달하는 뜻을 나타낸다.

다음 문장에 쓰인 동사는 개가 내는 소리이다. 다음 문장에 쓰인 동사는 자동사이다. 여기서 **at**은 공격의 대상을 도입한다.

자동사

(3) a. The dog barks **at** strangers.

그 개는 낯선 사람을 보고 짖는다.

b. The bulldog growled **at** the postman.

그 개가 그 우편배달부에게 으르렁거렸다.

c. The dog snarled **at** a passerby.

그 개는 지나가는 사람들에 대고 이빨을 드러내며 으르렁거렸다.

d. The dog yelped **at** the baby cat.

그 개가 그 고양이 새끼를 보고 컹컹 짖었다.

다음에서 주어는 말이나 행동을 공격한다.

(4) a. Stop nagging **at** me.

나를 괴롭히지 마세요.

b. He frowned **at** me.

그는 나에게 눈살을 찌푸렸다.

c. My coworker snaps **at** me whenever I am late.
   내 동료 직원은 내가 늦을 때마다 톡톡 쏜다.

d. He fumed **at** the slow traffic.
   그는 그 느린 교통에 화를 내었다.

다음 예문에 쓰인 동사는 타동사이다.

타동사

(5) a. Police shot water cannon **at** the demonstrators.
    경찰이 그 시위자들에게 물대포를 쏘았다.

b. Don't throw stones **at** the cat.
   그 고양이에게 돌을 던지지 마라.

c. Don't point your finger **at** the woman.
   그 여자에게 손가락질 하지 마세요.

4.2.2. 움직임 동사

다음에 쓰인 동사는 움직임 동사이고, 전치사 **at**의 목적어는 공격의 대상이 된다.

(1) a. He ran **at** me.
    그는 내게 (공격하기 위해서) 달려왔다.

b. He ran **to** me.
   그는 내게 달려왔다.

위 a문장은 주어가 목적어를 공격하는 뜻이고, to가 쓰인 b문장은 주어가 목적어에 다가감을 나타낸다.

다음에 쓰인 동사는 조롱이나 비웃음 등의 마음의 상태를 나타내고, **at**의 목적어는 이러한 마음이 가 닿은 곳이다.

(1) a. Don't jeer **at** the losing team.
   그 지고 있는 팀을 야유하지 마세요.

   b. Everybody laughs **at** my Gyeongsangdo accent.
   모두가 내 경상도 사투리를 비웃는다.

   c. They scoff **at** her hair style.
   그들은 그녀의 머리 모양을 비웃는다.

   d. People snorted **at** him, but he's a great scientist.
   사람들이 그를 비웃었지만 그는 훌륭한 과학자다.

   e. Stop sneering **at** her.
   그녀를 조롱하는 것을 그만 두세요.

5. 노력, 시도

전치사 **at**이 '잡다'와 '치다'의 뜻을 갖는 접촉동사와 쓰이면 무엇을 '잡으려고 하는 시도나 노력의 뜻을 나타낸다.

5.1. '잡다' 동사

(1) a. A drowning man will clutch **at** a straw.
   물에 빠지고 있는 사람은 지푸라기를 하나라도 잡으려 한다.

   b. She grasped **at** his coat as he passed past her.
   그녀는 그가 그의 옆을 지나갈 때 그의 저고리를 잡으려고 했다.

    c. He seized **at** the dangling rope.
       그는 그 매달려 있는 로프를 잡으려 했다.
    d. I can guess **at** what you mean.
       나는 네가 의미하는 것을 짐작할 수 있다.
    e. He hinted **at** the possible use of force.
       그는 가능한 무력 사용을 암시했다.
    f. He tried his hand **at** tennis.
       그는 테니스를 시도해보았다.
    g. I had a shot **at** the new method.
       나는 그 새로운 방법을 시도해보았다.

다음 두 문장을 비교해 보자.

(2) a. He grasped a straw.
      그는 지푸라기 하나를 잡았다.
   b. He grasped **at** a straw.
      그는 지푸라기 하나를 잡으려고 했다.

위 a문장에서 주어는 지푸라기를 잡았고, b문장에서는 잡으려는 시도만 있었다.

5.2. 시도

at이 시도를 나타내는 표현에는 다음도 있다:

(1) a. He tried his hand **at** drawing.
      그는 그림 그리기를 시도해보았다.

b. I had a go **at** opening the can.
   나는 그 통을 열려고 해 보았다.

c. I will have a try **at** Kimchi making.
   나는 김치 만들기를 한 번 해 보겠다.

d. He had a shot **at** driving the sport car.
   그는 그 스포츠카 운전을 시도해 보았다.

5.3. '치다' 동사

전치사 **at**이 '치다'와 같은 접촉동사와 쓰이면 '시도'의 뜻을 갖는다. 다음 a문장은 공을 치려고 했으나 공이 맞지 않은 경우이다.

(1) a. He swung **at** the ball.
     그는 그 공을 휘둘러 치려고 해봤다.

  b. He slugged **at** him.
     그는 그를 강타하려고 해봤다.

  c. He punched **at** the boy.
     그는 그 소년을 주먹으로 치려고 했다.

다음 두 문장을 비교해 보자.

(2) a. He struck the ball.
     그는 그 공을 쳤다.

  b. He struck **at** the ball.
     그는 그 공을 치려고 해봤다.

위 a문장은 타동사로서 주어가 목적어를 성공적으로 친 관계를,

at이 쓰인 b문장은 주어가 공을 치려고 했으나 치지 못한 관계를 나타낸다.

다음도 살펴보자.

(3) a. He kicked **at** the ball (*away).
   그는 그 공을 차려고 해봤다.
   b. He swung **at** the ball (*away).
   그는 그 공을 휘둘러 쳐 보았다.

at이 쓰인 a문장은 시도를 나타내므로 장소이동이 없다. 그러므로 away와 함께 쓰일 수 없다.

5.4. 조준, 시선

다음에 쓰인 **at**의 목적어는 조준의 표적이 된다. 총 등을 조준한다는 것은 시선이 시야 속의 한 부분인 표적에 닿는 관계이다(도식 참고). 이것을 자동사와 타동사로 나누어 살펴 보자.

다음 문장에서는 자동사가 **at**과 같이 쓰였다.

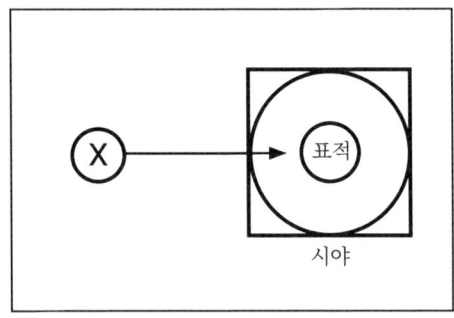

표적: 시야 속의 한 부분

자동사

(1) a. He is aiming **at** a bird.
   그는 새를 조준하고 있다.

   b. They are firing **at** the enemy.
   그들은 적을 조준하여 사격을 하고 있다.

   c. They are targeting **at** the army base.
   그들은 그 군사기지를 표적으로 하고 있다.

다음 문장에서는 타동사가 **at**과 같이 쓰였다.

타동사

(2) a. The rebel leveled his gun **at** us.
   그 반군은 그의 총을 우리에게 겨누었다.

   b. He directed his gun **at** us.
   그는 그의 총을 우리에게 겨냥했다.

   c. He cocked his eyes **at** the strange woman.
   그는 그 낯선 여자를 흘끔흘끔 쳐다봤다.

다음 짝지어진 두 문장을 비교해 보자.

(3) a. They shot down the plane.
   그들은 그 비행기를 쏘아 내렸다.

   b. They shot **at** the plane.
   그들은 그 비행기를 조준해서 쏘았다.

위 a문장은 주어인 그들이 비행기를 사격하여 추락시킨 것을,

b문장은 그들이 그 비행기를 사격하려고 조준하는 관계로 나타낸다.

다음에서 쓰인 **at**은 시각 및 지각 동사이고, 시선이 가 닿는 곳은 시야 가운데 한 점과 같다.

(4) a. The mechanic looked **at** my car carefully.
그 수리공은 내 차를 유심히 살폈다.

b. She sat back and gazed **at** the picture.
그녀는 기대앉아서 그 그림을 응시했다.

c. It's rude to stare **at** people.
사람을 빤히 쳐다보는 것은 무례하다.

d. He squinted **at** me in the darkness.
그는 어둠 속에서 눈을 찡그리며 나를 보았다.

5.5. 감정의 원인

다음에서 **at**은 감정동사와 쓰여서 감정의 즉각적인 원인을 도입한다. 감정동사는 자극에 대한 반응을 나타낸다.

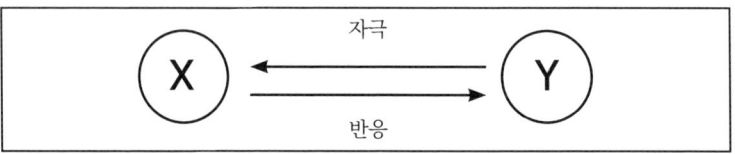

(1) a. She trembled **at** the idea of going out **at** night alone.
그녀는 밤에 혼자 밖에 나간다는 생각에 몸이 떨렸다.

   b. I shivered **at** the very name of ISIS.
      나는 ISIS 이름만 들어도 겁에 떨렸다.

   c. We shuddered **at** the thought of facing the crisis.
      우리는 그 위기에 직면하게 된다는 생각에 공포심에 떨었다.

   d. He frets **at** trifle things.
      그는 하찮은 일에도 마음을 졸인다.

   e. He stopped **at** the red light.
      그는 빨간 불에 정지했다.

   f. She cried **at** the sad movie.
      그녀는 슬픈 영화를 보고 울었다.

   g. He blinked **at** the harsh sunlight.
      그는 강한 햇볕에 눈을 깜빡였다.

   h. He shook his head **at** the idea.
      그는 그 생각에 고개를 가로저었다.

다음은 감정동사로 수동태로 쓰였다.

(2) a. We are excited **at** the news.
      우리는 그 소식에 열광한다.

   b. He was pleased **at** her daughter's success.
      그는 딸의 성공에 기분이 좋았다.

   c. They are delighted **at** the court decision.
      그들은 그 법정 판결에 몹시 기뻐했다.

   d. He is frustrated **at** the slow progress of work.
      그는 일의 진전이 늦어서 좌절감을 느낀다.

   e. The boss was dumbfounded **at** the lack of progress.
      그 사장은 진전이 없음에 크게 당황하고 있다.

f. He bristled **at** the high salary of the chairman.
그는 그 회장의 그 고봉에 발끈했다.

g. She blushed **at** her own fault.
그녀는 자신의 실수에 얼굴이 붉어졌다.

h. The poet in her moved **at** the beauty.
그녀 속에 있는 시심이 그 아름다움에 움직였다. 즉, 감동했다.

i. Scientists are baffled **at** the existence of the black hole.
과학자들은 그 블랙홀의 존재에 크게 당황했다.

5.6. 지시, 명령

다음도 자극과 반응의 일종이다. X **at** Y에서 과정 X는 Y의 지시나 명령에 의해 일어난다.

(1) a. We are **at** the mercy of the weather.
우리는 그 날씨의 지배를 받고 있다.

b. The troop is **at** his command.
그 부대는 그의 지휘를 받고 있다.

c. The squad fired **at** his command.
그 소대는 그의 지휘를 받고 사격을 했다.

d. The car is **at** your service.
그 차는 당신이 쓸 수 있습니다.

e. The troops moved **at** the general's bidding.
그 부대는 그 장군의 명령에 따라 움직였다.

f. I bought the big TV **at** his suggestion.
   나는 그의 제안에 따라 그 큰 TV를 샀다.

g. The band player song again **at** the request of the chairman.
   그 악단은 그 의장의 요청에 따라 그 노래를 다시 연주했다.

h. She is here **at** the behest of the boss.
   그녀는 사장의 명령에 여기에 와 있다.

i. He visited China **at** the invitation of Xi Jinping.
   그는 시진핑의 초대를 받고 중국을 방문했다.

6. 형용사와 at

at과 같이 쓰이는 형용사로 능력 형용사와 감정 형용사를 나누어 살펴 보겠다.

6.1. 능력 형용사

다음 문장에는 형용사 good나 bad가 쓰였다. 이들 형용사는 여러 가지 뜻을 가지나, 전치사 at과 같이 쓰이면, 행위자의 능력을 나타낸다. 다음 a문장에서 쓰인 good과 bad는 수학을 풀 수 있는 능력을 나타낸다. 그러므로 주어 he는 수학을 푸는 행위자 역할을 한다. b문장에서도 he는 skating의 행위자 역할을 한다.

(1) a. He is bad **at** math.
       그는 수학을 못한다.

   b. He is good **at** skating.
       그는 스케이트를 잘 한다.

c. He is excellent **at** sports.
그는 스포츠를 매우 잘 한다.

d. He is adroit **at** drawing.
그는 도안을 잘 그린다.

e. He is gifted **at** music.
그는 음악에 재능이 있다.

f. He is talented **at** playing tennis.
그는 정구를 치는 데 재능이 있다.

g. He is slow **at** learning.
그는 배우는 데 느리다.

h. He is brilliant **at** solving the puzzle.
그는 그 십자말 풀이를 푸는데 뛰어나다.

i. He is still awkward **at** using chopsticks.
그는 아직 젓가락을 사용하는 데 서툴다.

j. She is clumsy **at** expressing herself.
그녀는 자신을 표현하는 데 익숙하지 않다.

k. He is all thumbs **at** handicraft.
그는 수공예에 손재주가 없다.

6.2. 감정 형용사

전치사 **at**은 감정 형용사와 쓰이면, 감정의 원인을 나타낸다.

(1) a. The boss was angry **at** lack of coordination.
그 사장은 협조 부족에 화가 났다.

b. He was mad **at** the delay.
그는 그 지연에 격분했다.

7. at과 다른 전치사

7.1. at과 in

명사 beginning과 end는 다음과 같이 **at**이나 in과 같이 쓰일 수 있다. 이들은 점으로 생각될 때는 **at**과 함께 쓰이고, 범위가 있는 개체로 생각될 때는 전치사 in이 쓰인다. 다음 문장을 살펴보자.

(1) a. **At** the beginning of the contract, a lump sum of money is paid.
그 계약의 시작 시점에 큰 액수의 돈이 지불된다.

b. In the beginning, there was no life on earth.
처음에는 지구 상에 어떠한 생명체도 없었다.

위 a문장에서는 beginning이 점으로, b문장에서는 하나의 영역으로 표현되었다.

(2) a. **at** the end of the day
하루가 끝날 시점

b. In the end, everything turned out to be okay.
마지막에 모든 것이 괜찮은 것으로 밝혀졌다.

위 a문장에서는 end가 점으로, b문장에서는 하나의 영역으로 개념화되었다.

인간의 마음은 유연성이 커서 순간을 확대시켜 영역으로 볼 수 있다. 이것은 세포 하나를 확대경으로 비추어 크게 볼 수 있는 것과 마찬가지이다.

(3) a. He is swimming **at** this moment.
　　　그는 이 순간 수영을 하고 있었다.

　　b. He finished the work in a moment.
　　　그는 그 일을 짧은 순간에 마쳤다.

위 a문장에서 moment는 점으로, b문장에서는 영역으로 표현되었다.

(4) a. The child followed her mom **at** a distance.
　　　그 아이는 그녀의 엄마를 먼 곳에 있는 지점부터 따라왔다.

　　b. We could see a snow-capped mountain in the distance.
　　　우리는 멀리 떨어진 곳에 눈 덮힌 산을 볼 수 있었다.

7.2. at과 on

전치사 **at**과 쓰이는 명사도 이것이 무엇에 닿을 수 있는 면으로 생각되면 전치사 on과 같이 쓰인다. 다음의 a문장에서는 top이 점으로, b문장에서는 이것이 접촉면으로 표현되었다.

(1) a. There stood a flag **at** the top of the mountain.
　　　그 산 꼭대기에 깃발 하나가 서 있다.

　　b. Put the bottle on the top of the table.
　　　그 병을 그 탁자 위에 놓아라.

영어전치사
AT, IN, ON

03-2
AT,IT,ON의 분석

IN

들어가는 말

in은 전치사 및 부사로 쓰인다. 먼저 전치사 용법부터 살펴보자.

1. 전치사 용법

이 전치사 in은 동사의 종류에 따라 두 가지로 나누어 볼 수 있다: 첫째, 이동동사(locomotion)와 쓰이면 이동체가 밖에서 안으로 움직이는 관계를 나타낸다. 이때 in의 목적어 종류에 따라서 다시 두 가지로 나누어 볼 수 있다. 첫째, in의 목적어가 문, 창, 대문과 같은 것이면 in은 통로를 나타낸다. 둘째, in의 목적어가 입체적인 공간이나 영역이면 안으로 들어가는 관계를 나타낸다. 이것을 도식화하면 다음과 같다.

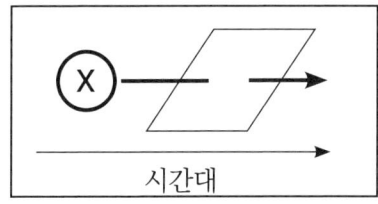

전치사 IN: 통로

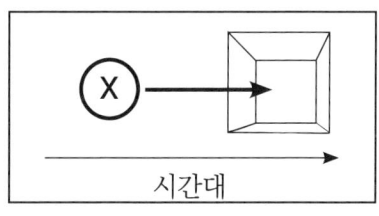

전치사 IN: 공간

1.1. 이동동사와 전치사 in

1.1.1. in의 목적어: 통로

다음에서 쓰인 동사는 이동동사이고, in의 목적어는 통로이다. 다음 a문장에서 어느 개가 대문을 통해 들어온다. 즉, 문이 통로이다.

(1) a. A stray dog came **in** the gate.
떠돌이 개가 그 대문으로 들어왔다.

b. A ball flew **in** the window.
공이 그 창문으로 들어왔다.

c. The cat ran **in** the door.
그 고양이가 그 문을 통과해 뛰었다.

d. A stranger looked **in** the window.
어느 낯선 이가 그 창문을 통해 들여다보았다.

1.1.2. in의 목적어: 공간이나 영역

다음 문장에서 동사는 이동동사이고, in의 목적어는 공간이다. X in Y에서 X는 Y의 영역 안에 들어가거나 온다. 이 관계를 자동사와 타동사로 나누어 살펴 보자.

자동사

(1) a. He went **in** the store.
그는 그 가게에 들어갔다.

b. They burst **in** the stadium.

그들은 그 경기장에 갑자기 들어갔다.

c. He came **in** the hall.
그들은 그 홀에 들어왔다.

d. She jumped **in** the car.
그녀는 그 차에 뛰어 올라갔다.

e. He moved **in** the house last month.
그는 그 집에 지난 달에 이사해 들어갔다.

다음 문장에는 타동사가 쓰였고, 동사의 목적어가 전치사 in의 목적어에 들어간다.

타동사

(2) a. He put the book **in** a bag.
그는 가방에 그 책을 넣었다.

b. He poured milk **in** a glass.
그는 우유를 컵에 부었다.

c. He dropped the books **in** the basket.
그는 그 책들을 그 바구니에 떨어뜨렸다.

1.2. 비이동동사와 전치사 in

전치사 in은 X in Y에서 X는 Y가 가리키는 범위 안에 있다. 다시 말해서, in Y는 X가 있는 범위를 한정해준다.

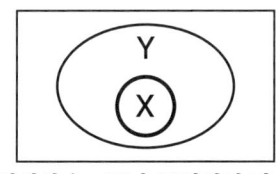

전치사 in: X가 Y영역인 관계

X는 물건, 상태, 사건 등이 될 수 있다. 다음 예를 살펴보자. 다음 a 문장에서 in the orchard는 많은 나무가 있는 곳을 지시해준다. 즉, 나무가 있는 범위를 한정해준다.

a. trees in the orchard　　　b. games in Pyeongchang

(1) a. There are lots of trees **in** the orchard.
　　그 과수원에는 많은 사과나무가 있다. (물건)

　b. It is very cold **in** that region in winter.
　　겨울에 그 지역은 매우 춥다. (상태)

　c. The winter Olympic games took place in Pyeongchang **in** 2018.
　　동계올림픽 경기가 2018년 평창에서 열렸다. (사건)

전치사 in은 통상 '속'이나 '안'으로 풀이된다. 다음 예들은 이러한 뜻을 불러 일으킨다.

(2) a. He lives **in** a two-story house.
　　그는 이층집에서 산다.

　b. His office is **in** the building.
　　그의 집무실은 그 건물에 있다.

아파트나 건물은 입체적이므로 자연스럽게 in은 '속'이나, '안'으로 풀이될 수 있다. 그러나 in 자체에는 그러한 뜻이 없다. 전치사 in은 아파트나 건물이 있는 범위를 가리킬 뿐이다.

영어에는 '안'이나 '속'을 가리키는 표현이 따로 있다. inside와 within이다. 다음을 비교해보자.

> (3) a. A man is trapped **in** the car.
>   어느 사람이 그 차에 갇혀있다.
>
> b. A man in trapped inside the car.
>   어느 사람이 그 차 안에 갇혀있다.

in: 차　　　　　　　inside: 차 안

위 a 문장에서 in은 어느 사람이 있는 범위를 가리킨다. 즉, 청자의 주의를 차가 있는 곳에 기울이게 한다. 한편, inside는 차 안을 가리킨다.

다음 우리말을 비교하여 보자:

> (4) a. 그는 아파트에서 산다.
>
> b. 그는 아파트 안에서 산다.

보통은 문장 4a를 쓴다. 이 표현은 그가 살고 있는 범위를 한정해준다. 문장 4b는 아파트 밖에서 사는 사람이 있음을 전제로 한다.

지시범위는 작은 데서 큰 데로 넓어질 수 있다: 서랍에서 거실로.

a. in the apartment   b. inside the apartment

(5) a. Your shirt is **in** the drawer **in** the living room.
    너의 셔츠는 그 거실에 있는 그 서랍장에 있다.

  b. He is sitting **in** the car **in** the garage.
    그는 그 차고에 있는 그 차에 앉아있다.

다음 문장에서 전치사 in은 회의가 일어나는 곳을 가리킨다. Singapore 안이나 속을 가리키지 않는다.

(6) a. The meeting will take place **in** Singapore.
    그 회의는 싱가포르에서 열릴 예정이다.

  b. New York is **in** the Northeast part of the United States.
    뉴욕은 미국의 북동부에 있다.

  c. The polar bear lives **in** the Arctic.
    북극곰은 북극에서 산다.

d. The band played **in** the park.
   그 밴드는 그 공원에서 연극을 했다.

1.3. 한계나 범위 설정

X in Y에서 X는 Y에 의해 범위가 정해짐을 위에서 살펴보았다. 다음 a문장에서 직접목적어 him은 전체이고 in의 목적어는 얼어 맞은 부분을 가리킨다.

(1) The bully punched him **in** the head.
    그 불량배가 그의 머리를 쳤다.

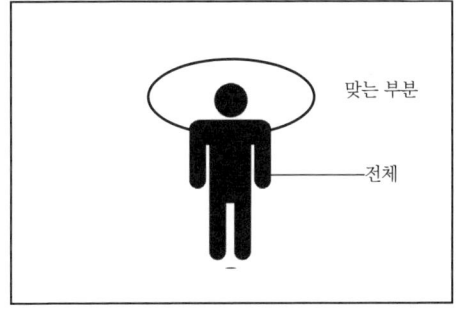

위 문장에서 in the head는 주먹이 닿는 범위를 설정해 준다. in the head는 머리 속이나 안을 가리키지 않는다. 주먹이 닿은 범위는 다음과 같은 명사도 쓰일 수 있다.

(2) **in** the arm 팔에
    in the back 등에
    in the face 얼굴에
    in the hand 손에

in the chest 가슴에

in the stomach 배에

1.3.1. 치수 재기

다음에 쓰인 「in 목적어」는 수치가 적용되는 범위를 한정한다. 다음 a문장에서 in은 23미터가 적용되는 영역을 명시해준다. 즉, 높이 면에서 23미터임을 가리킨다.

(1) a. The tree is 23 meters **in** height.
  그 나무는 높이가 23미터이다.
  b. The pool is 50 meters **in** length.
  그 수영장은 길이가 50미터이다.

위 문장에서 length 대신에 다음과 같은 표현이 쓰일 수 있다.

(2) 5 meters **in** depth 깊이가 5미터
  20 meters **in** width 너비가 20미터
  10 meters **in** circumference 구의 둘레가 10미터

1.3.2. 형용사 적용 범위

다음 a문장에서도 전치사 in은 형용사 rich나 poor가 적용되는 범위를 한정해준다.

(1) a. The country is rich/poor **in** oil.
  그 국가는 기름이 풍부/부족하다.

b. The CCTV is helpful **in** catching out the suspect.
그 CCTV는 그 용의자를 찾아낸다는 점에서 도움이 된다.

c. He is correct **in** saying that we must go on with the project.
그는 우리가 그 프로젝트를 계속해야 한다고 말한 점에서 옳다.

1.3.3. 명사의 범위 한정

다음 문장에서 전치사 in은 명사 mistake(실수)나 point(소용)의 범위를 한정해준다.

(1) a. We made a mistake **in** letting her go alone.
우리는 그녀를 혼자 가게 보내는 점에서 실수를 저질렀다.

b. There is no point **in** asking for her kindness.
그녀에게 친절을 청하는 점은 의미가 없다.

다음에서도 전치사구는 앞에 쓰인 명사의 범위를 한정한다.

(2) a. a man **in** fiction 가공 속의 인물
b. a man **in** reality 현실 속의 인물
c. a word **in** writing 글로 쓰인 낱말
d. a word **in** pronunciation 말로 한 낱말
e. one million dollars **in** profits/**in** loans
이익/대출 일 백만 달러

다음에서도 전치사구는 가장 긴 강의 범위를 한정해준다.

(3) The longest river **in** Korea is the Aplok River.
한국에서 가장 긴 강은 압록강이다.

위 문장에서 in Korea는 가장 긴 강이 어느 범위인지를 한정해준다. 위 in Korea 대신에 다음 표현이 쓰일 수 있다.

(4) **in** the South Korea 남한 전역에서
  in China 중국에서
  in America 미국에서
  in the whole world 전 세계에서

1.4. 전치사 in의 구체적 쓰임

X in Y는 X가 Y의 영역 안에 있는 관계를 나타낸다. 이 관계를 좀 더 구체적으로 어떤 경우에 쓰이는지 살펴보겠다.

1.4.1. 의복

다음 예문의 전치사 X in Y에서 X는 사람이고 Y는 의복이다. in은 사람이 의복 안에 들어 있는 관계를 나타낸다.

옷

(1) a. She's **in** a long skirt.
    그녀는 긴 치마를 입고 있다.
  b. He is **in** a black suit and tie.
    그는 검은 양복과 넥타이를 매고 있다.
  c. The actors were still **in** traditional costumes.

그 배우들은 아직 전통의상을 입고 있었다.

    d. The nurses work **in** uniform.
       그 간호사들은 제복을 입고 일한다.

    e. You look great **in** that cardigan.
       너는 그 가디건을 입으면 보기가 좋다.

in의 목적어로 다음 표현도 쓰일 수 있다.

(2) **in** a bikini 수영복을 입고
    in a red t-shirt 빨간 티셔츠를 입고
    in pants 바지를 입고
    in a sweater 스웨터를 입고

(3) a. She goes around **in** shorts.
      그녀는 반바지를 입고 돌아다닌다.

    b. Some Chinese tourists go out **in** pajamas.
      어떤 중국 관광객들은 파자마를 입고 나간다.

in의 목적어로 다음과 같이 신발도 쓰일 수 있다.

신발

(4) He goes around **in** sandals.
    그는 샌들을 신고 돌아다닌다.

위의 in sandals 대신에 다음 표현도 쓰일 수 있다.

(5) **in** boots 부츠를 신고

in sneakers 운동화를 신고

in slippers 슬리퍼를 신고

in high heels 굽 높은 구두를 신고

다음에서는 옷의 재료나 색깔이 환유적으로 쓰여서 '옷'을 나타낸다.

(6) a. He is dressed **in** cotton/**in** red.
그는 무명옷을/빨간 옷을 입고 있다.

위에서 cotton은 환유적으로 무명으로 만든 옷을 가리키고, red는 환유적으로 빨간 색의 옷을 가리킨다.

지금까지 우리는 X in Y에서 사람인 X가 옷인 Y에 들어가는 관계를 살펴보았다. 영어에서 옷을 입는 또 한 가지의 표현 방법은 X on Y 이다. X는 옷이고, Y는 사람 몸이다. 다음에서 셔츠는 X이고, Y는 사람 몸이다.

(7) He put on a shirt.

이 표현은 옷이 사람 몸에 닿는 관계를 나타낸다. 이와 같이 우리는 같은 상황을 서로 다른 각도에서 볼 수 있다.

1.4.2. 차량

전치사 in은 택시나 지프와 같은 비교적 작은 차량과 함께 쓰인다. 이들은 사람이 일단 들어가면 그 안에서 자유롭게 움직일 수 없다.

(1) a. The pope moved around **in** a Fiat.
   그 교황은 피아트(이탈리아산 소형차)를 타고 다녔다.

   b. He gets around **in** a wheelchair.
   그는 휠체어를 타고 돌아다닌다.

다음 표현도 in의 목적어로 쓰일 수 있다.

(2) **in** a canoe 카누를 타고
   in a compact car 소형차를 타고
   in a helicopter 헬리콥터를 타고
   in a jeep 지프를 타고
   in a Matiz 마티즈를 타고
   in a sedan 세단을 타고
   in a small boat 작은 배를 타고
   in a stroller 유모차를 타고
   in a taxi 택시를 타고

차량을 타는 또 한가지 방법은 전치사 on을 쓰는 것이다. 전치사 on은 사람이 차량에 가 닿는 관계를 나타낸다. 이때는 사람이 차에 가 닿는 관계에 초점이 주어진다.

(3) a. He got on the subway.
   그는 그 지하철을 탔다.

   b. He went up high on a roller coaster.
   그는 그 롤러코스터를 타고 높이 올라갔다.

1.4.3. 의자

전치사 in은 팔걸이가 있는 의자 등과 함께 쓰인다.

(1) a. The old man is sitting **in** an armchair.
   그 늙은이는 안락의자에 앉아 있다.
   b. He sat **in** the front seat.
   그는 (차의) 앞자리에 앉았다.
   c. The baby sleeps **in** a cradle.
   아기는 요람에서 잔다.
   d. She sat **in** the front/back seat.
   그녀는 앞좌석에/뒷자석에 앉았다.

이와는 달리 bench나 stool과 같은 팔걸이가 없는 의자는 전치사 on과 같이 쓰인다.

(2) a. They sat on a bench.
   그들은 벤치에 앉았다.
   b. He sat on a stool.
   그는 스툴(등받이와 팔걸이가 없는 의자)에 앉았다.

위에서 전치사 on이 쓰인 것은 사람의 몸이나 의자에 가 닿는 부분을 부각시킨다.

1.4.4. 자연현상

X in Y에서 Y가 자연현상이면 X는 자연현상의 영역 속에 있는 관

계를 나타낸다.

(1) a. He strolled **in** the breeze.
   그는 산들바람 속에 산책했다.

   b. He's working out **in** the rain.
   그는 비가 오는데 일하고 있다.

   c. He drove **in** the hurricane.
   그는 태풍 속에 운전을 했다.

   d. He's working out **in** the snow.
   그는 눈 속에서 일하고 있다.

   e. The cheetah chases prey **in** the open.
   치타는 확 트인 평지에서 먹이를 쫓아간다.

자연이나 환경을 나타내는 표현에는 다음과 같은 것들이 있다.

(32) **in** this climate 이 기후에
   in the cold 추운 곳에
   in a cold weather 추운 날씨에
   in the condition 이 상황에
   in the nature 자연 속에
   in the dim light 희미한 불빛 속에
   in the elements 비바람을 맞고
   in the environment 그 환경에
   in the shadow 그늘에
   in space 우주 공간에

in the storm 폭풍 속에

in the weather 그 날씨에

in the wild 야생에

in the wind 바람 속에

1.4.5. 사람이나 개체가 만든 영역

여러 사람이나 개체가 모이면 영역이 된다. 다음에서 a circle은 여러 사람이 모여서 이루는 형태이다. 또, a row도 사람들이 모여서 생기는 모양이다.

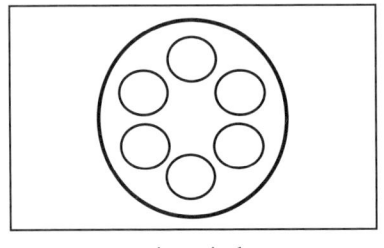

a. in a circle   b. in a row

(1) a. Children sat **in** a circle.
   아이들이 원을 그리고 앉았다.

b. Fans stood **in** a row.
   팬들이 줄을 이루며 서 있다.

c. Fans are waiting **in** a long line to buy the tickets.
   팬들이 그 표를 사기 위해 긴 줄을 서서 기다리고 있다.

다음에서도 전치사 in은 여러 사람이나 동물이 모여 무리를 이루는 관계를 나타낸다.

(2) a. Tourists came **in** busloads.
　　　관광객들이 몇 대의 버스로 왔다.

　b. The animals live and travel **in** troops.
　　　그 동물들은 무리 지어서 살며 이동한다.

(3) **in** droves (사람이나 짐승이) 무리 지어
　　in herds (소 등이) 떼를 지어
　　in packs (여우 등이) 떼를 지어
　　in swarms (벌 등이) 떼를 지어

X in Y에서 X가 잘라져서 나온 상태 Y이다.

(4) He cut the melon **in** four pieces.
　　그는 그 수박을 4등분했다.

(5) **in** halves 반으로
　　in three portions 세 부분으로
　　in ten sections 10등분으로

1.4.6. 집합명사

X in Y에서 Y는 집합명사이고 X는 구성원이다. 즉, Y는 X로 이루어진 영역이나 단위이다.

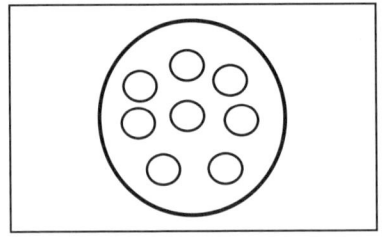
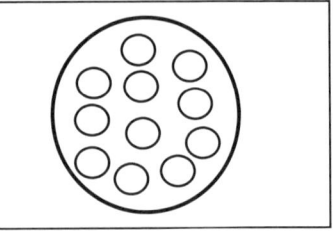

      a. in a class   b. in a team

(1) a. There are eight students **in** his class.
그의 반에는 8명의 학생이 있다.

   b. There are eleven players **in** the football team.
11명의 선수가 그 축구단에 있다.

   c. There are 50 members **in** the social club.
50명이 그 사교 모임에 있다.

   d. There are 100 singers **in** the choir.
그 합창단에는 합창단원이 100명이다.

   e. There are 13 members **in** the rock band.
그 록밴드에는 밴드 멤버가 13명이다.

다음에서도 in의 목적어 Y는 여러 사람으로 이루어지는 조직체나 단위이다. X in Y에서 X는 조직체에 속한다.

(2) He serves **in** the army.
그는 육군에 복무한다.

다음 표현들도 army 대신 쓰일 수 있다.

(3) **in** the air force 공군에

in the marine corp 해병대에

in the navy 해군에

in the police force 경찰대에

1.4.7. 전체 속의 일부

X in Y에서 X는 전체(Y) 속의 일부이다.

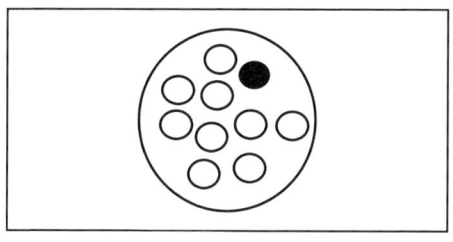

one in ten

(1) a. One **in** ten people prefers coffee.
   열 명 중 한 명은 커피를 더 좋아한다.

   b. One **in** 40 people is a twin.
   40명 중 한 명은 쌍둥이다.

   c. Fertility treatment is successful one **in** ten.
   임신 촉진 치료는 열 명 중 한 명꼴로 성공한다.

1.4.8. 측정 단위

다음에서 전치사 in은 측정 단위를 나타낸다.

(1) a. They weigh rice **in** kilos.
   그들은 쌀을 킬로로 무게를 잰다.
   b. They measured the length **in** meters.
   그들은 그것을 미터로 쟀다.
   c. They measure the fabric **in** yards.
   그들은 그 천을 야드로 잰다.

다음 표현들도 yards 대신 쓰일 수 있다.

(2) **in** centimeters 센티미터로
   in inches 인치로
   in feet 피트로
   in meters 미터로

1.4.9. 지불 단위

다음에서 전치사 in은 지불 단위를 나타낸다.

(1) He paid **in** cash.
   그는 현금으로 지불했다.
(2) **in** change 잔돈으로
   in bills 지폐로
   in checks 수표로
   in coins 동전으로

1.4.10. 작품

책, 기사 같이 사람이 만든 작품도 in으로 표현된다. 이들 작품도 한계나 범위가 있는 개체이기 때문이다.

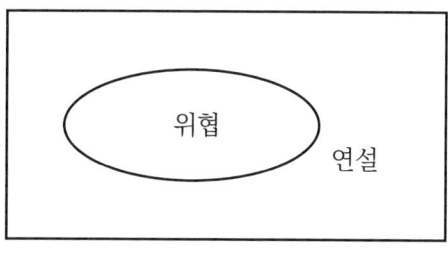

in his speech

(1) a. **In** his speech, the president threatened to impose heavy tariffs on import steel.
그의 연설에, 그 대통령은 무거운 관세를 수입철강에 부과하겠다고 위협했다.

b. He offers glimpse of his private life **in** this memoir.
그는 그의 비망록에서 자신의 사생활의 몇 가지 면모를 힐끗 보여준다.

다음도 speech 와 같이 취급된다.

(2) **in** the address 그 연설에서
in the article 그 기사에서
in the book 그 책에서
in the document 그 서류에서

in the drama 그 드라마에서
in the film 그 영화에서
in the letter 그 편지에서
in the novel 그 소설에서
in the show 그 쇼에서

1.4.11. 시야

사람의 눈에 들어오는 시야도 범위가 있는 것으로 개념화된다. X in Y에서 X는 시야인 Y에 들어있다.

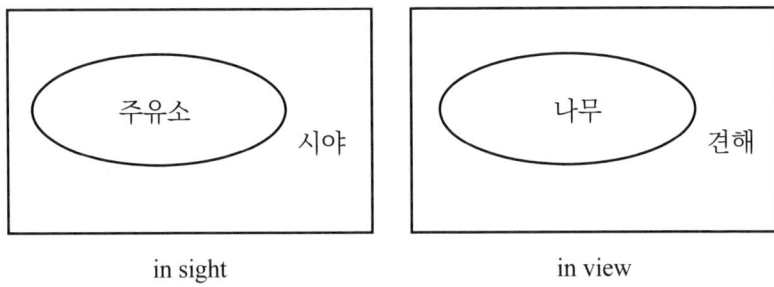

in sight   in view

(1) a. There are no gas stations **in** sight.
   시야에 주유소들이 없다.

   b. We came **in** view of the tree.
   우리는 그 나무가 보이는 곳에 들어왔다.

시야는 견해의 뜻으로도 확대된다.

(2) a. **In** my view, he is well qualified.
   나의 견해로는, 그는 자격이 충분하다.

b. Beauty is **in** the eyes of the beholder.
   미는 보는 이의 견해에 있다.

c. **In** his observation, the candidate is very promising.
   그의 관찰에서 보면, 그 후보자는 매우 유망하다.

d. **In** regard to the early election, I am opposed to it.
   조기 선거에 있어서, 나는 그것을 반대한다.

e. **In** hindsight, I should have said yes.
   뒤돌아보면, 나는 '네'라고 대답했어야 했다.

f. **In** retrospect, the problem was not difficult.
   뒤돌아보면, 그 문제는 어렵지 않았다.

g. I have nothing **in** prospective at the present.
   나는 현재 앞에 보이는 것이 없다.

h. You need to put things **in** perspective.
   너는 모든 일을 넓은 전망 속에 놓고 볼 필요가 있다.

1.4.12. 분야

학문이나 산업과 같은 분야도 영역으로 취급된다.

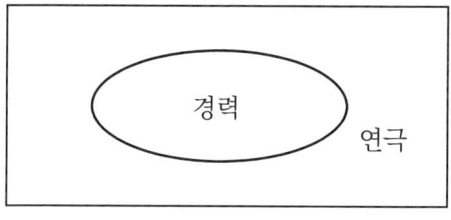

a career in drama

(1) a. He hopes for a career **in** drama.
그는 연극 경력을 가지길 희망한다.

b. He specialized **in** political science.
그는 정치학을 전공했다.

다음도 분야로 간주된다.

(2) **in** economics 경제학에서
in information science 정보과학에서
in linguistics 언어학에서
in literature 문학에서
in physics 물리학에서
in the IT industry IT산업에서
in the film industry 영화산업에서
in the pharmaceutical industry 제약산업에서

1.4.13. 상태

상태는 추상적이므로 공간개념을 빌어서 표현된다. 즉 영어에는 「상태는 장소이다」라는 은유가 있다. 그러므로 장소를 나타내는 전치사 in은 상태를 나타내는 데에도 쓰인다. 다음에서 X in Y는 X가 상태 Y에 있음을 나타낸다.

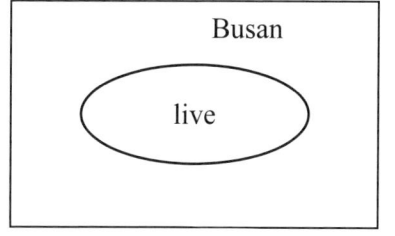
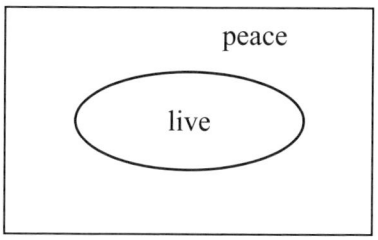

a. live in Busan   b. live in peace

다음 두 문장을 비교하여 보자.

(1) a. He lives **in** Busan.
    그는 부산에 산다.

  b. He lives **in** peace.
    그는 평화 속에 산다.

다음 문장에서 in의 목적어는 상태이다.

(2) a. I hope you will rest **in** comfort the rest of your life.
    나는 당신이 나머지 인생을 안락함 속에서 살기를 희망합니다.

  b. They live **in** fear.
    그들은 공포 속에 산다.

  c. She is **in** labor.
    그녀는 산통 중에 있다.

다음에 추가적인 상태의 예가 제시되어 있다.

(3) **in** awe 경외 속에   **in** pain 고통 중에

in confusion 혼란 속에
in danger 위험 속에
in doubt 의심 속에
in fever 열이 있는
in horror 공포 속에
in love 사랑 속에
in store 저장 중에 있는
in terror 공포 속에
in union 단결 속에

in place 존재하고 있는
in ruins 폐허 속에
in secret 비밀리에
in shock 충격 속에
in solidarity 연대 속에
in stealth 몰래
in tears 눈물을 흘리며
in trouble 곤경 속에

1.4.14. 기능

다음에 쓰인 in의 목적어는 관사 없이 쓰였다. 이 때 Y는 구체적인 물건을 가리키는 것이 아니라 이들의 기능과 관계가 있고, 이 기능은 상태로 간주된다.

(1) a. He is **in** bed.
   그는 잠자리에 들어 있다.
   (cf. He is **in** the bed. 그는 그 침대 안에 있다.)

 b. She is **in** school.
   그녀는 재학 중이다.

(2) **in** church 예배 중에
 in class 수업 중에
 in jail/prison 수감 중에

in university 대학 재학 중에

위에 적힌 명사는 관사 없이 쓰여 이들 명사가 가리키는 건물이 아니라 기능과 관련된 상태를 가리킨다.

1.5. 시간

전치사 in이 시간을 나타낼 때는 두 시점 사이의 시간(時間)을 나타낸다. X in Y에서 X는 Y가 가리키는 시간 안에 있는 관계를 나타낸다.

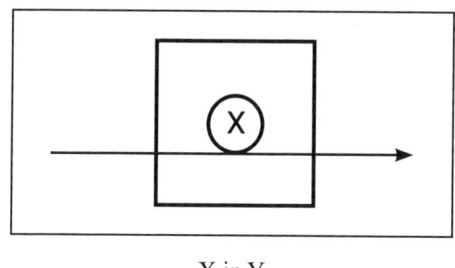

X in Y

1.5.1. 두 종류의 서술

in 시간은 서술에 따라서 의미가 달라지므로, 여기서 먼저 서술의 두 종류를 살펴 보자.

서술 가운데는 종결점이 있는 서술(telic)과 없는 서술(atelic)이 있다. 동사 walk 자체에는 종결점이 없다. 즉, 얼마나 걸려야 종결이 되는 지 알 수가 없다. 한편, **walk a mile**의 경우, 1마일을 걸으면 종결이 된다.

종결점이 있는 서술과 in이 쓰이면 과거에 주어진 시간 안에 어떤 일이 끝남을 의미한다. 종결점이 없는 서술과 in이 쓰이면 주어진 기간에 어떤 일이 일어났음을 의미한다.

다음 문장에는 종결점이 있는 서술이 쓰였다.

(1) a. He learned to write Korean alphabet **in** one month.
그는 한 달 안에 한글을 쓰게 되었다.

b. He ran 100 meters **in** 15 seconds.
그는 100m를 15초 안에 뛰었다.

c. He wrote the book **in** 5 years.
그는 그 책을 5년만에 썼다.

d. The runway has to be cleared **in** two hours.
그 활주로는 두 시간 안에 치워져야 한다.

e. He caught 100 crayfish **in** one day.
그는 하루 만에 100마리의 가재를 잡았다.

f. The insect can travel 30km **in** a day.
그 곤충은 하루 만에 30km를 이동할 수 있다.

다음 그림 a에서 종결점이 있는 과정이 주어진 시간 범위 안에서 끝났다. 예로 위 c문장의 경우, 5년 안에 그 책이 쓰여졌다.

한편, 종결점이 없는 서술과 in Y가 쓰이면, X는 주어진 시간적 배경 속에 과정이 일어남을 나타낸다. 다음 a 문장에서 그는 1919년의 기간 범위 안 어느 시점에 태어났다.

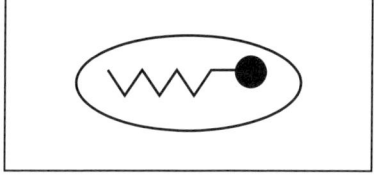
a. 종결동사

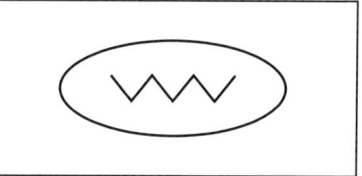
b. 비종결동사

(2) a. He was born **in** 1919.
 그는 1919년에 태어났다.
 b. The war broke out **in** 1950.
 그 전쟁은 1950년에 터졌다.
 c. The volcano erupted **in** January.
 그 화산은 1월에 폭발했다.
 d. Prices rose by a large margin **in** recent years.
 물가가 최근 몇 년 사이에 큰 폭으로 올랐다.
 e. For the second time, **in** one week, the coast was slammed by hurricanes.
 일주일 두 번째, 그 해안은 태풍에 의해 강타되었다.
 f. He is the third prime minister **in** one year.
 그는 일년 사이에 3번째 수상이다.
 g. I have not seen him **in** a long time.
 나는 그를 오랫동안 보지 못했다.

1.5.2. 기간 표현

언어에서 기간은 세기, 해, 달, 주, 날 등으로 표현할 수 있다.

(1) **in** this century 이 세기에서

  in the year 그 해에

  in 2019 2019년에

  in June 6월에

  in a week 한 주에

  in a day 하루에

  in the morning 아침에

세대나 시대도 in으로 표현된다.

 (2) **in** Stone Age 석기 시대

   in Copper Age 청동 시대

   in the electronics age 전자 시대

   in history 역사 시대

다음 명사도 기간과 관계가 되므로 전치사 in과 쓰인다.

 (3) **in** the period between 1920 and 2020
   1920년과 2020년 사이의 기간대

   in the span of 30 years
   30년 기간대

in은 기간을 나타내므로 초반과 후반으로 나눌 수 있다.

 (4) a. early **in** the week
    그 주의 초반에

   b. late **in** the week

그 주의 후반에

(5) a. **in** early May / early **in** May

　　　5월 초에

　b. **in** late May / late **in** May

　　　5월 후반에

사람의 삶도 기간으로 나누어지며, 연대나 세대도 기간이 될 수 있다.

(6) **in** his 30's 그의 30대에

　　in his infancy 그의 유년기

　　in his boyhood 그의 소년기

　　in his youth 그의 청년기

　　in his adulthood 그의 성인기

　　in his old age 그의 노년기

　　in present generation 현 세대의

기간은 과거, 현재, 미래로 나누어 질 수 있다.

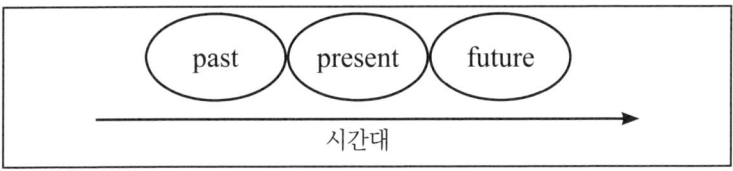

(7) a. We used to live in thatched houses **in** the past.

　　　우리는 과거에 초가집에 살았다.

b. Live **in** the present.
   현재에 사십시오.

c. These jobs will disappear **in** the future.
   이 직업들은 미래에 살아질 것이다.

1.5.3. 짧은 시간과 기간

짧은 시간도 기간이 있는 것으로 표현된다. 다음에서 1분이나 번개가 치는 기간은 짧지만, 전치사 in이 쓰이면 기간이 있는 것으로 본다. 반대로 긴 시간도 시점으로 개념화되어 전치사 at으로 표현된다.

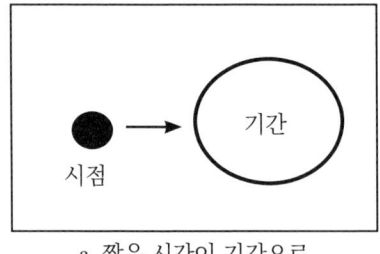
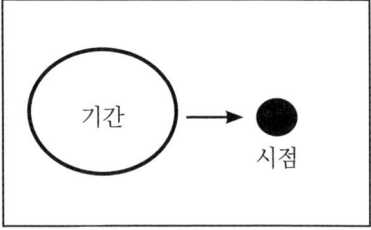

a. 짧은 시간이 기간으로   b. 기간이 순간으로

(1) a. It happened **in** a twitch of an eye.
       그것은 눈 깜빡 할 사이에 일어났다.

  b. The magician turned a frog into a man **in** a flash.
     그 마술사는 어느 개구리 한 마리를 순식간에 (번개가 한번 번쩍이는 순간에) 사람으로 만들었다.

  c. He will be **in** no time.
     그는 곧 돌아올 것이다.

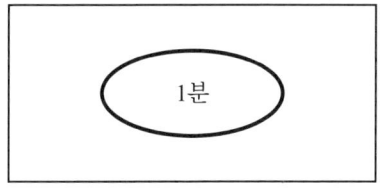
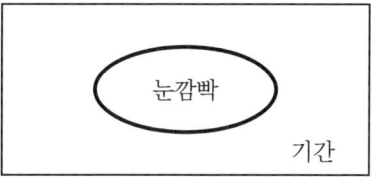

a. 1분이 기간으로 　　　　　　b. 눈 깜빡할 사이가 기간으로

다음 표현들도 순간적으로 짧은 시간을 나타내지만, in과 같이 쓰이면 기간이 있는 것으로 본다.

(2) **in** a moment 한 순간 사이에
    in a blank of an eye 눈을 한번 깜빡이는 사이에
    in an instant 순식간에
    in a heart beat 심장이 한 번 뛰는 사이에

기간이나 과정은 첫, 중간, 미래의 부분으로 나누어질 수 있다.

(3) a. **in** the beginning of the investigation
       그 조사의 시작 부분에서
    b. **in** the middle of the vacation
       그 휴가의 중간 부분에서
    c. **in** the end of the film
       그 영화의 마지막 부분에서

1.5.4. 미래시제와 in

in이 미래시제와 쓰이면, 어떤 기간의 마지막 부분을 가리킨다. 다음 a 문장에서 그의 죽음이 두 시간이 끝나는 무렵에 있음을 나타낸다.

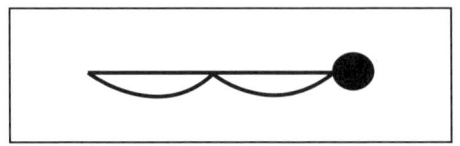

X in Y에서 X는 Y가 끝날무렵

(1) a. He will die **in** 2 hours.
그는 두 시간이 끝날 무렵 죽을 것이다.

b. I will be back **in** 10 minutes.
나는 10분이 끝날 무렵에 돌아오겠다.

c. We will meet **in** a few weeks.
우리는 몇 주 지날 무렵에 만날 것이다.

d. He will come back **in** a few days.
그는 몇 주 지나면 돌아올 것이다.

e. I will see you **in** a couple of days.
나는 며칠 지나서 당신을 뵙겠습니다.

f. Where do you see yourself **in** ten years?
당신은 10년이 지날 무렵에 어디에 있을 것입니까?

g. Recession will come **in** 3 years.
경기 침체가 3년이 지날 무렵에 올 것이다.

미래 시간은 coming ahead 또는 to come으로 표현된다.

(2) a. They will finally finalize the deal **in** the coming days.

그는 드디어 다가오는 며칠 안에 협상을 매듭 지을 것이다.

b. The conflict will play out **in** the hours ahead.
그 갈등은 앞으로 몇 시간 안에 펼쳐질 것이다.

c. How will this situation play out **in** the months to come.
이 상황은 앞으로 몇 달 사이에 어떻게 펼쳐질까?

1.6. 과정

과정은 시간 속에 일어나고, 이에는 시작과 끝이 있으므로 이것도 하나의 영역으로 간주된다. 과정도 그 속에 사건이나 행동이 일어나는 배경이 될 수 있다.

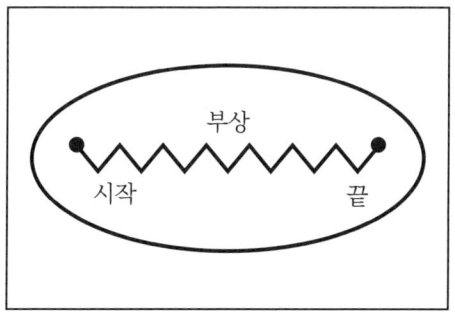

배경으로서 과정

(1) a. He was wounded **in** the fight.
그는 그 싸움을 하던 중에 부상을 당했다.

b. He died **in** the plane crash.
그는 그 비행기 추락 사고에 죽었다.

c. He got killed **in** the attack.
그는 그 공격 중에 죽었다.

d. He won a gold medal **in** the race.
그는 그 경기에서 금메달을 받았다.

e. The candidate received 64% of the vote **in** the election.
그 후보자는 그 선거에서 64%를 득표했다.

f. He was wounded **in** the accident.
그는 그 사고에서 다쳤다.

g. I could not follow the arrow **in** its flight.
나는 날아가는 그 화살을 따라갈 수 없었다.

1.6.1. in과 a(n) 과정 명사

다음 문장에서 be 동사가 쓰여서 주어는 주어진 과정 속에 있다.

(1) a. He is **in** a meeting now.
그는 지금 회의 중에 있다.

b. They are **in** a discussion.
그들은 토의 중에 있다.

c. The staff is **in** a conference.
그 참모들이 회의 중에 있다.

d. The candidates are **in** a debate.
그 후보자들이 토론 중이다.

e. The president is **in** talks with the rebel leader.
그 대통령은 그 반군 지도자와 협의 중이다.

f. He is **in** a hurry.
　　　그는 바쁨 속에 있다. 즉, 그는 바쁘다.

　　g. He is **in** a rush.
　　　그는 급함 속에 있다. 즉, 급하다.

1.6.2. in a(n) N to 부정사

(1) a. He called up the doctor **in** an attempt to save his brother.
　　　그는 동생을 살리려고 시도를 하는 가운데 그 의사를 불렀다.

　　b. The firm laid off hundreds of workers **in** a bid to cut down cost.
　　　그 회사는 원가를 줄이려는 시도 중에 수 백만의 노동자를 해고했다.

　　c. **In** an effort to reduce crime, the government increased the police force.
　　　범죄를 줄이기 위한 노력 속에서 정부는 경찰력을 증가시켰다.

1.6.3. in과 동명사

동명사도 과정을 나타내므로 전치사 in과 같이 쓰일 수 있다.

(1) a. **In** opening a can, I cut my finger.
　　　나는 깡통을 여는 중에 손가락을 베었다.

b. **In** washing the window, he fell down.
그는 그 창문을 닦던 중에 떨어졌다.

c. The dictionary is 10 years **in** the making.
그 사전은 10년 간 제작 중이다.

1.6.4. in과 동작 명사

다음에서 주어는 동작 명사가 가리키는 과정 중에 있다.

(1) a. We saw fireman **in** action.
우리는 활동 중인 소방 대원을 보았다.

b. The old coin is still **in** circulation.
그 옛 동전은 아직 유통되고 있다.

c. He set the machine **in** motion.
그는 그 기계를 작동 했다.

d. The system is still **in** operation.
그 제도는 아직도 운영 중이다.

e. Many heads of the states are **in** attendance at the funeral.
많은 국가 수장들이 그 장례식에 참석하고 있다.

f. He is **in** denial of the risk.
그는 그 위험을 부정하고 있다.

g. He is **in** full control of the situation.
그는 그 상황을 완전히 장악하고 있다.

1.6.5. in one 명사

다음에 쓰인 서술은 종결점이 있다. 이 종결서술이 'in one 명사'가 쓰여서 어떤 과정이 단 한번에 마치거나 끝냄을 나타낸다.

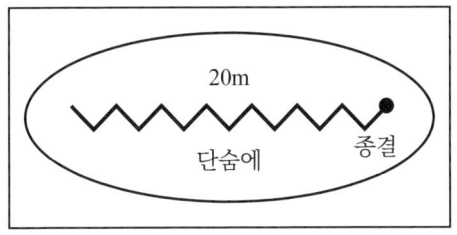

과정이 한번의 과정 중에 일어남

(1) a. He swam 20m **in** one breath.
   그는 단숨에 20미터를 헤엄쳤다.

   b. The monkey flew 10m **in** one jump.
   그 원숭이는 한번 뛰어서 10미터를 날아 갔다.

   c. He finished a six pack of beer **in** one sitting.
   그는 한 자리에 앉아서 맥주 여섯 팩을 마셨다.

   d. I want to do the journey **in** one go. I do not want to stop on the way.
   나는 그 여행을 단번에 하고 싶다. 중간에 쉬고 싶지 않다.

   e. The president says he will solve the problem **in** one meeting.
   그 대통령은 그 문제를 한 번의 회담에서 풀 수 있다고 말한다.

   f. He drank a can of beer **in** one gulp.
   그는 한 통의 맥주를 한번에 다 들이켰다.

1.6.6. in 명사 전치사

전치사 in은 목적어 명사 다음에 전치사구가 쓰이는 구조로 쓰인다.

in N for N
in N of
in N to N
in N with N

위의 구조를 간단하게 차례대로 살펴 보자.

1.6.6.1. in N for N

(1) I will buy lunch **in** return for your coffee.
네가 커피를 샀으니, 그 대가로 내가 점심을 사겠다.

위 문장에서 내가 점심을 사는 것은 return의 과정 속에 일어났다. 그런데, return은 점심과 커피가 교환되는 관계이다. 이것을 도식화하면 다음과 같다.

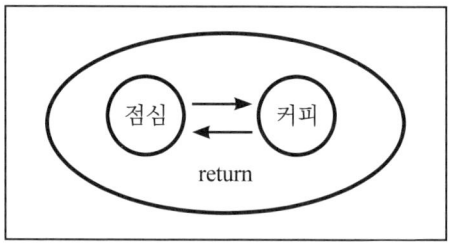

in return for

1.6.6.2. in N of

(1) The workers went on strike **in** show of solidarity.
그 노동자들은 단결성을 보여주는 과정에서 파업했다.

위 문장에서 노동자들의 파업은 단결성을 보여주는 가운데 일어남을 나타낸다. 이것을 도식화하면 다음과 같다.

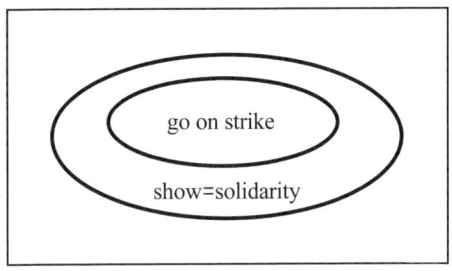

in show of

1.6.6.3. in N to N

(1) He helped them **in** response to their request.
그는 그들의 요청에 대한 반응 속에 그들을 도왔다.

위 문장은 그가 그들을 도운 어떤 요청이 반응 속에 이루어진다. 이것을 도식화하면 다음과 같다.

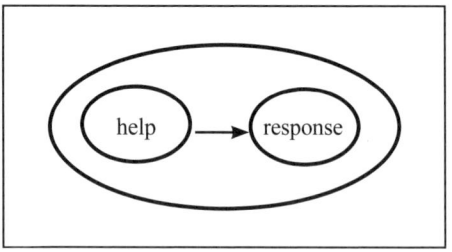

in response to

1.6.6.4. in N with N

(1) Four people were injured **in** connection with the explosion.
네 명이 그 폭발과 관련되어 다쳤다.

위 문장은 4명이 폭발과 관련하여 다쳤다는 뜻이다. 이것을 다음과 같이 도식화 할 수 있다. 다음 도식에서 부상과 폭발이 관련이 있음을 나타낸다.

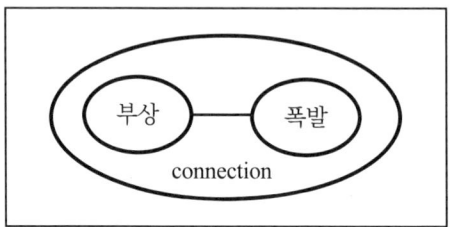

in the connection with the explosion

1.6.7. in full 명사

(1) a. He had his car stereo **in** full blast.
   그는 그의 차 스테레오를 최고로 크게 틀었다.

   b. Cherry blossoms are **in** full bloom.
   벚꽃이 최고로 만개해 있다.

   c. The power house is operating **in** full power.
   그 발전소는 최대한으로 운영되고 있다.

   d. The party is **in** full swing.
   그 파티는 한창이다.

   e. He rolled up the highway **in** full throttle.
   그는 그 고속도로를 최고 속도로 운전해 갔다.

   f. **in** full capacity (보충)

   g. **in** full force (보충)

   h. Cars are speeding **in** full speed.
   차들이 최고 속도로 달리고 있다.

1.6.8. in the front of / in front of

(1) a. **in** the front of
   b. **in** front of

위 a표현에는 정관사 the가 쓰였고, b표현에는 쓰이지 않았다. 정관사 유무에 따른 의미 차이를 다음 문장에서 살펴 보자.

(2) a. He sat **in** the front of the church.

그는 그 교회 안의 앞 부분에 앉았다.

b. He sat **in** front of the church.

그는 그 교회 건물의 앞쪽에 앉았다.

the front는 교회 안의 앞부분을 가리키고, front는 교회 건물 밖의 앞쪽을 가리킨다. 이 두 표현은 다음과 같이 도식화할 수 있다.

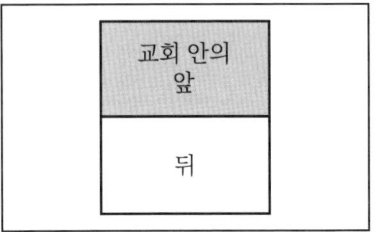 

       in the front of   in front of

front와 반대의 뜻을 갖는 back도 두 가지로 쓰인다.

(1) a. The child is **in** the back of the bus.

그 아이는 그 버스 안에서 뒤쪽에 있다.

b. The child is **in** back of the bus.

그 아이는 그 버스의 (바깥) 뒤쪽에 있다.

1.7. 방향과 방식

1.7.1. 방향에서 방식으로

전치사 in은 움직임의 방향을 나타내는 데 쓰인다. 그리고 움직임의 방향은 행동의 방식을 나타내는 데에도 쓰인다.

> (1) a. He went **in** that direction, but he came **in** the opposite direction.
> 그는 그 방향으로 갔으나 반대 방향으로 왔다.
>
> b. They moved **in** different directions.
> 그들은 서로 다른 방향으로 움직였다.

위에서 in은 움직임의 방향을 나타내는 데 쓰였다. 이 전치사 in은 다음과 같이 방법을 나타내는 데도 쓰인다.

> (2) a. Let's solve the problem **in** this way.
> 그 문제를 이러한 방법으로 풀어보자.
>
> b. This picture is **in** the manner of Raphael.
> 이 그림은 라파엘로 양식으로 그린 그림이다.
>
> c. Used cars were being marketed **in** this fashion.
> 중고차들이 이런 식으로 시장에 나오고 있었다.

1.7.2. 표현 방식

다음에서는 전치사 in은 말이나 생각의 표현 방식이나 양식을 나타낸다. 다음은 표현 방식의 여러 가지이다:

문자

> (1) a. He wrote the message **in** Hangul.
> 그는 한글로 그 메시지를 적었다.

b. He wrote his name **in** Chinese characters.
그는 자신의 이름을 한자로 썼다.

말

(2) a. He speaks **in** Korean.
그는 한국어로 말한다.

b. He can speak **in** Italian.
그는 이탈리아어로 말할 수 있다.

활자체

(3) a. Please type up these names **in** bold.
이 이름들을 굵은 체로 쳐주세요.

b. The paragraph is written **in** font size 20.
이 단락은 글자 크기 20으로 쓰여져 있다.

대소문자

(4) a. Type this headline **in** upper case.
이 헤드라인을 대문자로 쓰세요.

b. Key in the information **in** small letters.
그 정보를 소문자로 입력하세요.

재료나 도구

(5) a. He wrote down his name **in** ink.
그는 그의 이름을 잉크로 썼다.

b. He sketches **in** pen.

그는 펜으로 스케치를 한다.

    c. Please fill out the form **in** ballpoint.
       그 서류를 볼펜으로 채우세요.

다음에서 in의 목적어는 서식이다.

필기체, 인쇄체

(6) a. He likes to write a letter **in** cursive letters.
       그는 필기체로 편지 쓰기를 좋아한다.

    b. Write down your name **in** print.
       이름을 인쇄체로 해주세요.

    c. She writes letters **in** long hand.
       그녀는 편지를 필기체로 쓴다.

    d. The secretary recorded the dialogue **in** short hand.
       그 비서는 대화를 속기로 기록했다.

1.7.3. 전치사 in과 동사

다음 쓰인 문장의 동사들은 전치사 in과 쓰여서 동사가 적용되는 범위를 한정한다.

(1) a. Believe **in** yourself.
       자기 자신을 믿어라.

    b. I can confide **in** him.
       나는 그를 신뢰할 수 있다.

    c. The company deals **in** trade.

그 회사는 무역을 한다.

d. At that moment, he engaged **in** conversation.
그 때, 그는 대화를 하고 있었다.

e. He joined **in** our baseball game.
그는 우리 야구 시합에 가담했다.

f. Russia meddled **in** 2016 U.S. presidential election.
러시아가 2016년 미국 대통령 선거에 간섭했다.

g. He mediated **in** the issues between the public and the press.
그는 대중과 언론 사이의 쟁점들을 중재했다.

h. The restaurant specializes **in** Korean food.
그 식당은 한국 음식을 전문으로 한다.

i. He is indulging **in** a glass of fine wine.
그는 좋은 포도주 한 잔을 즐기고 있다.

2. 부사 용법

X in Y에서 Y가 안 쓰이면 in은 부사로 쓰인다. 다음 도식 a는 전치사, 도식 b는 부사이다. 부사의 경우, Y가 점선으로 표시되어 있다.

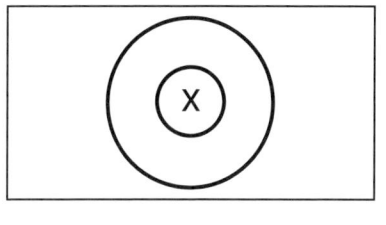 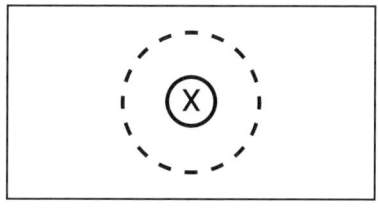

a. in: 전치사   b. in: 부사

다음에서 표현되지 않은 in의 목적어는 기숙사, 집 등이다.

(1) a. We are going to dine/eat **in** tonight.
   우리는 오늘 저녁 집에서 식사할 예정이다.
   b. I am going to live **in** for the first semester.
   나는 첫 학기는 (기숙사 등에서) 살 것이다.
   c. The maid lives **in**.
   그 도우미는 입주해 있다.
   d. I'd like to stay **in** tonight and play the football game.
   나는 오늘밤 집에 머물면서 축구 경기를 시청하고 싶다.
   e. On Sunday mornings, he likes to sleep **in**.
   일요일 아침에 그는 늦잠자기를 좋아한다.

2.1. in for

다음에서 in은 어떤 자리나 장소이고 for는 이 자리에 다른 사람을 대신해서 들어가는 관계를 나타낸다. 첫 문장을 도식화하면 다음과 같다. 주어진 자리에 정규직 교사가 나가고 '그'가 들어오는 관계이다.

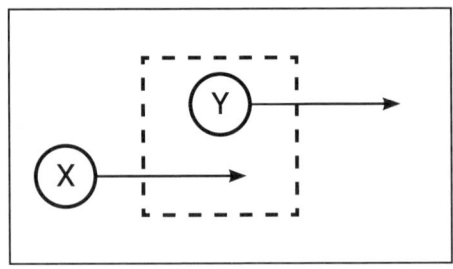

X가 Y자리에 들어오는 관계

(1) a. He is filling **in** for the regular teacher for the semester.
그는 이번 학기에 정규직 교사를 대신해서 가르치고 있다.

b. The new announcer is going to sit **in** for me on the evening news.
그 새 아나운서가 그 저녁 뉴스에 나를 대신해서 방송을 하게 되어 있다.

c. Brian stood **in** for me while I was away on vacation.
내가 휴가 중 자리를 비는 동안 브라이언이 내 대신 경기를 했다.

다음에서 in은 상황이나 입장이고 이 안에 있는 사람은 for의 목적어를 받게 된다.

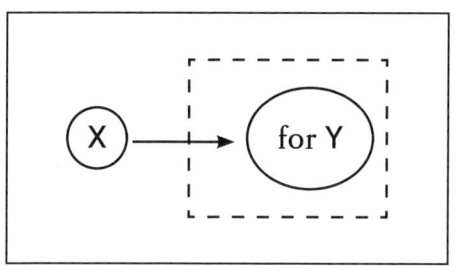

X가 Y로 받게 되는 자리에 들어오는 관계

(1) a. He's **in** for shock/surprise.
   그는 충격을/놀람을 받을 상황에 처했다.

   b. I can see that they are **in** for a difficult time with the new baby.
   나는 새로운 아이로 인하여 그들이 어려운 상황에 처해 있음을 알 수 있다.

   c. From his expression on his face, I could see I was **in** for trouble.
   그의 얼굴 표정을 보고, 나는 내가 곤란한 상황에 처했음을 알 수 있었다.

2.2. 부사 in 전치사 into

 부사 in은 이동동사와 쓰였고, 이동체가 어디로 들어가는 관계를 나타낸다. 그러나 들어가는 영역이 명시되지 않았다. 다음 그림에서 이동체가 들어가는 곳은 점선으로 표시되어 있다. 이 영역은 화맥, 문맥, 세상 지식으로부터 파악될 수 있는 경우에 표현되지 않는다.
 먼저 화맥에 의한 생략부터 살펴보자.

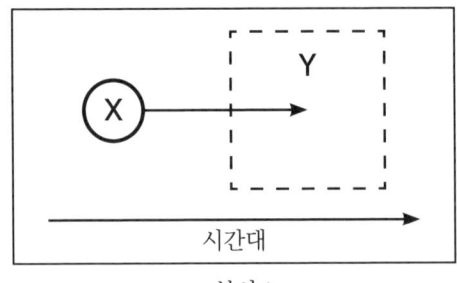

a. 부사 in

2.2.1. 화맥

다음 문장에서 in은 이동체가 안으로 들어감을 명시하지만, 들어가는 곳을 화맥에서 알 수 있을 때 쓰인다.

(1) a. Bees swarmed **in**.
   벌들이 떼를 지어 (화자·청자가 아는 곳에) 들어갔다.

 b. People crowded **in**.
   사람들이 (화자·청자가 아는 장소에) 몰려 들어갔다.

 c. A dog strayed **in**.
   개 한 마리가 (우리 집에) 어슬렁거리며 들어왔다.

 d. An eagle swooped **in**.
   독수리 한 마리가 공중에서 (화자·청자가 아는 장소에) 덮쳐 날아들었다.

 e. A boat glided **in**.
   배 한 척이 미끄러져 (화자·청자가 아는 항구에) 들어왔다.

위 문장에서 in이 쓰였으나 이동체가 들어간 곳은 명시되지 않았다.

그러나 이동체가 들어간 곳을 화자와 청자가 알고 있거나 바라보고 있는 경우이다. 들어갈 곳을 명시해야 할 필요가 있을 때는 다음과 같이 into가 쓰인다.

 (2) a. He came **in**.
    그는 들어갔다.
  b. He came **into** the office.
    그는 그 연구실에 들어갔다.

문장 a에서 in은 그가 들어왔으나, 들어온 곳이 명시되지 않았다. 이와는 달리 문장 b에서는 들어오는 곳이 명시되어 있다. 이 두 불변사의 차이는 다음과 같이 도식화 할 수 있다.

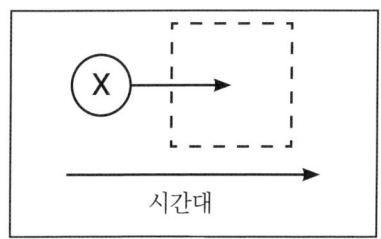 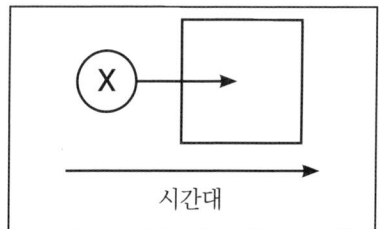

a. 부사 in: 이동 목표가 명시안됨 b. into: 이동해서 목표가 명시

2.2.2. 문맥

다음 두 문장을 비교하여 보자. 다음 문장에서 사람들이 들어간 곳이 명시되어 있다. 그러나 b문장에서는 명시되어 있지 않다.

 (1) a. Everyone crammed **into** the minivan.
    모두들 그 미니밴을 비집고 들어갔다.

b. The minivan arrived, and everyone crammed **in**.
   그 미니밴이 도착하자 모두들 비집고 들어갔다.

b문장에는 in만 쓰였지만 앞부분에서 minivan이 언급되었으므로 in은 into the minivan의 뜻으로 풀이된다. 다음 두 문장도 마찬가지로 풀이될 수 있다.

(1) a. People were streaming **into** the stadium.
   사람들이 그 스타디움으로 물결을 이루며 들어갔다.
   b. People got off the bus at the stadium, and they streamed **in**.
   사람들이 스타디움 앞에서 버스에서 내려 (그곳으로) 물결을 이루며 들어갔다.

b문장에서 사람들이 들어간 곳은 명시되지 않았으나 문장의 앞부분을 통해 들어간 곳이 스타디움임을 추리할 수 있다.

2.2.3. 세상 지식

다음 아래에서 이동체가 들어가는 곳은 세상 지식으로부터 파악된다.

다음 예시에서, 회사원이 아파서 결근하겠다고 전화를 건 곳은 그가 다니는 회사이고, 회사원이 승진요청서를 내는 곳은 상급자가 있는 상급기관이고, 기자가 기사를 송부하는 곳은 그가 속해 있는 신문사나 방송국이고, 라디오 청자들이 문자 메시지나 사진을 보내는 곳은 방송국이다. 그러므로 이동체의 도착 지점을 일부러 명시하지 않아도 세상

일에 대한 지식으로 도착 지점을 알 수 있다.

(1) a. My coworker called **in** sick this morning.
　　　내 직장동료는 오늘 아침 아프다고 (회사에) 전화를 걸어왔다.

　b. He texted **in** his comment through the app.
　　　그는 그 앱을 통해 자신의 논평을 문자로 적어 보냈다.

　c. The reporter reported **in** from Panmunjom.
　　　그 기자가 판문점으로부터 기사를 (본부로) 보내왔다.

　d. Put up your notice on the bulletin board or text **in**.
　　　당신이 전달할 말을 그 게시판에 올리거나 (방송국에) 문자로 보내 주세요.

　e. Please send **in** a photo of your dog.
　　　당신의 개 사진을 (방송국에) 보내 주세요.

　f. Mr. Obama was sworn **in** for the second-term.
　　　오바마 씨는 두 번째 임기를 위해 선서를 하고 (대통령직에) 취임했다.

　g. The Liberal party came **in**.
　　　자유당이 (정권에) 들어왔다. 즉 집권했다.

　h. Did you pay the check **in**?
　　　너는 수표를 은행에 입금했니?

　i. Only five students turned **in** their report on time.
　　　5명의 학생만이 제시간에 보고서를 제출했다.

다음에서 in의 암시된 목적어는 일상생활에서 흔히 쓰는 컴퓨터나

기타 그와 비슷한 기기이다.

(1) a. He keyed **in** the information.
   그는 정보를 쳐서 (컴퓨터에) 넣었다.

   b. He punched **in** his social security number.
   그는 사회보장 식별번호를 넣었다.

   c. He logged/signed **in** with his password.
   그는 그의 비밀번호로 로그인 했다.

2.2.4. 영상

다음에 쓰인 in은 화맥이나 문맥을 이용할 수 없는 경우이다. 다음 문장만으로 물고기가 어디로 들어오는지 알 수 없다.

(1) a. They hauled **in** the big fish.
   그들은 그 큰 물고기를 (어디로) 끌어들였다.

   b. The refugees hurled themselves **in**.
   그 피난민들은 몸을 (안으로) 던져 들었다.

a문장에서 물고기가 들어온 곳은 어디이며 b문장에서 피난민들이 들어온 곳은 어디인가? 위에 쓰인 문장만으로는 in의 도착지를 알 수가 없다.

그러나 어떤 TV 장면을 본다고 생각하면 도착 지점이 명시되지 않더라도 그 정체를 쉽게 파악 할 수 있다. a문장은 바다에 배가 있고, 그 배 안으로 물고기를 끌어들이는 것이므로, 일부러 into the boat라고 할 필요가 없다. 마찬가지로 b문장에서 화면에 헬리콥터가 착륙해 있고 그 안으로 피난민들이 몰려드는 장면을 보면 구태여 into the helicopter 라고 말하지 않아도 in의 목적어가 헬리콥터임을 알 수 있다.

2.3. 비이동동사와 부사 in

다음에서는 부사 in이 비이동동사와 구체적으로 어떻게 쓰이는지 살펴보자. 부사 in은 여러 가지 뜻을 갖는데, 먼저 '들기' 뜻부터 살펴보겠다.

2.3.1. 사방으로 둘러 쌓임

다음에서 in은 어떤 개체가 사방으로 둘러싸인 관계를 나타낸다. 다음 그림에서 X가 자동차라면 이것이 사방으로 막혀 움직일 수 없는 경우이다.

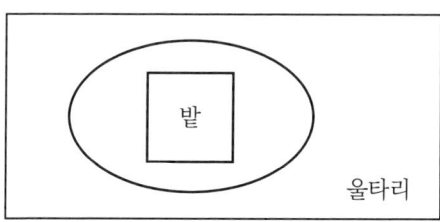

밭이 울타리로 둘러 쌓인 관계

(1) a. He walled **in** the house.
그는 집을 담으로 둘러쌓다.

b. Our neighbor fenced **in** vegetable garden.
우리 이웃은 그의 텃밭을 울타리로 둘러쌓다.

c. I was boxed **in** at the parking lot.
나는 주차장에서 차들에 둘러 쌓였다.

d. The troops are hemmed **in**.

그 부대는 완전히 포위되었다.
  e. The guard locked the suspect **in** and went away.
     그 경비원이 용의자를 문을 잠가 가두고 가 버렸다.
  f. On our way home, we got snowed **in**.
     집에 오는 길에 우리는 눈에 묻혀 꼼짝할 수 없었다.
  g. We have to be strapped **in** before take-off.
     우리들은 이륙 전 띠를 매고 있어야 한다.
  h. The fox was trapped **in**.
     그 여우가 덫 안에 갇혀 있다.

2.3.2. 길이의 줄임

다음에서 in은 길이가 줄어드는 관계를 나타낸다. 다음 그림에서 긴 선은 원래 길이이고, 짧은 것은 긴 선이 안으로 들어와서 줄어든 길이이다. 고무줄을 당겨서 늘렸다 놓으면 고무줄이 안으로 들어간다.

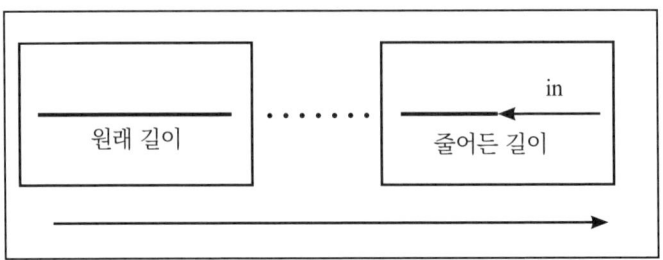

in: 길이가 줄어드는 관계

(1) a. Days are closing **in**.
       낮들의 길이가 줄어들고 있다.

b. Nights are drawing **in**.
   밤들이 점점 짧아지고 있다.

c. She took her blue jeans **in**.
   그녀는 자신의 청바지를 줄였다.

d. She cuts her dress **in**.
   그녀는 그녀의 드레스를 잘라서 줄였다.

2.3.3. 채워 넣기

다음에서 in은 무엇을 그릇 속에 집어넣는 관계를 나타낸다. 다음 그림에서 왼쪽 동그라미는 속이 비어 있으나, 오른쪽 동그라미에는 속이 채워져 있다. 이와 같이 in은 속을 채우는 관계를 나타낸다.

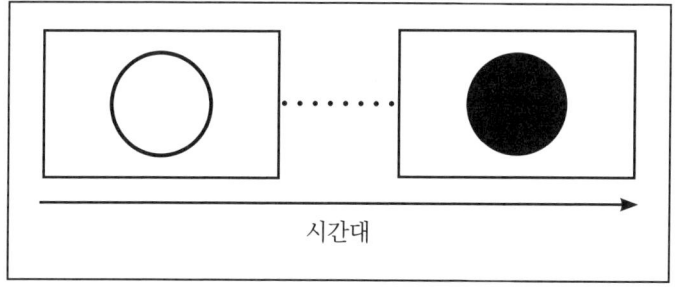

공간이 채워지는 관계

(1) a. The child colored **in** the squares he had drawn.
   그 아이는 그가 그린 네모들을 색칠해 넣었다.

b. She drew a lake and blocked **in** the blue color.
   그녀는 호수를 그리고 푸른색을 칠해 넣었다.

c. I filled **in** the tax refund form.
   나는 그 세금 환불 양식을 기입했다.

d. I inked **in** the upper part of flag.
   나는 그 국기의 윗부분에 잉크를 칠했다.

e. He sketched in some houses **in** the background.
   그는 그 바탕에 몇몇 집들을 그려 넣었다.

f. She wrote **in** her check.
   그녀는 수표에 (이름, 액수 등을) 기입해 넣었다.

g. I will fill you **in** with the latest.
   나는 최신정보로 당신을 채워 드리겠습니다. 즉, 최신 정보를 제공하겠습니다.

2.3.4. 안으로 들어가기

다음에서 in은 물체의 표면이 안으로 들어오는 관계를 나타낸다. 다음 그림에서 시점1은 주어진 개체가 모든 표면이 온전하지만, 시점 2에서는 옆이 움푹 들어가 있다. 이러한 관계를 in이 나타낸다.

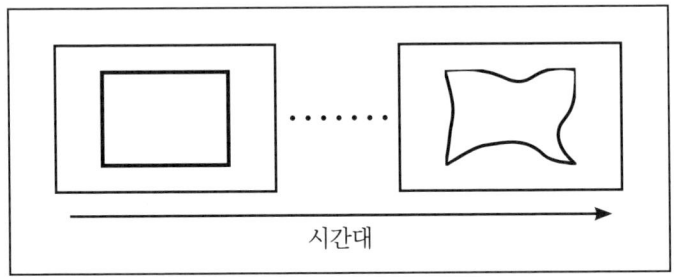

원래 모양이 우구러지거나 찌그러지는 관계

(1) a. He was hit hard and his head caved **in**.
그는 세게 맞아서 그의 머리가 함몰되었다.

b. The fender got dented **in**.
그 완충기가 움푹 들어갔다.

c. The earth beneath the parking lot fell **in**.
그 주차장 밑의 땅이 꺼져 들어갔다.

d. The ceiling gave **in**.
그 천정이 내려앉았다.

e. My finger nail is growing **in**.
내 손톱이 안으로 파고든다.

f. He hit the bucket **in** with a baseball bat.
그는 그 양동이를 야구방망이로 쳐서 쭈그러들게 했다.

g. As she washed the wool sweater **in** water, it all shrank **in**.
그녀가 그 모 스웨터를 물에 빨자, 그것이 오그라들었다.

h. Someone stepped on my straw hat, and it squashed **in**.
누군가가 내 밀짚모자를 밟아서, 그것이 쭈그러들었다.

i. He pressed the bell **in**.
그는 벨을 눌러서 안으로 들어가게 했다.

2.3.5. 도착지가 주어인 경우

다음에서 in의 도착지는 주어 자신이다. 다음 a문장에서 먹이가 들어간 곳은 주어인 fish 이다. 이것을 도식화하면 다음과 같다. 나머지 문장도 마찬가지 방법으로 풀이될 수 있다.

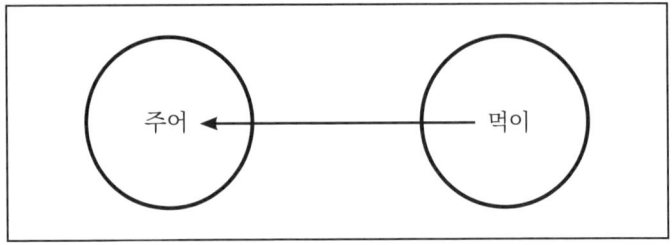

in의 도착지가 주어 자신인 경우

(1) a. The fish sucked **in** prey.
  그 물고기는 먹이를 (몸 속으로) 마구 빨아들였다.
 b. He pulls **in** about 2,000 dollars a month.
  그는 월 2,000달러 정도를 벌어들인다.
 c. The product brought **in** lots of money.
  그 상품은 많은 돈을 벌어들였다.
 d. They took **in** a great view of the landscape.
  그들은 그 시골의 멋진 전경을 받아들였다. 즉 감상했다.
 f. Most European countries are hesitant to take **in** refugees.
  대부분의 유럽 국가들은 피난민들을 받아들이기를 주저한다.
 e. He waited for a few minutes for the impact to sink **in**.
  그는 그 충격이 머릿속에 들어가도록 (즉 이해되게) 몇 분을 기다렸다.

2.3.6. 밖으로 나오는 힘에 반대되는 힘 가하기

다음에서 in은 밖으로 나오는 힘에 반대 힘을 가하여 나오지 못하게 하는 관계를 나타낸다. 다음 a문장에서 in은 말이 밖으로 나오려는데, 나오지 못하게 안으로 힘을 가하는 관계를 나타낸다.

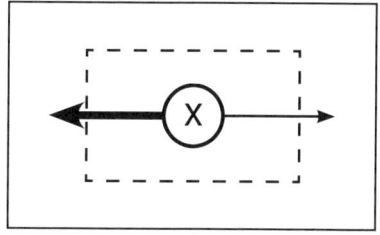 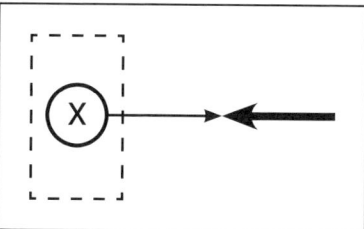

X가 밖으로 나가려고 하는데 뒤에서　　X가 앞으로 나가려고 하는데 앞에서
　　　　당기는 관계　　　　　　　　　　　반대 힘을 가하는 관계

(1) a. The horse was trying to get out of his stable but I pushed him **in**.

　　그 말이 그 마구간에서 나오려고 했으나 나는 그를 밀어넣었다.

b. The donkey was trying to go out but I pulled him **in**.

　　그 당나귀가 나가려고 했으나 나는 그 소를 잡아당겨 들였다.

2.3.7. 끼어들기

다음에 쓰인 in은 대화나 계획의 영역에 있는 것으로 개념화되기 때문에 이 속에 끼어들거나 참여할 수 있다. 다음 a문장에서 in은 면접관이 나의 대답에 끼어드는 관계를 나타낸다.

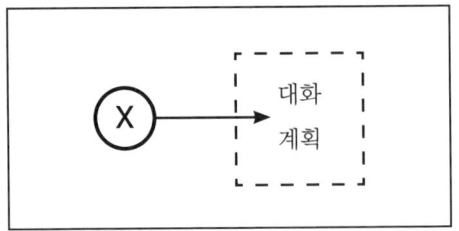

in: X가 암시된 영역에 끼어드는 관계

(1) a. The interviewer butted **in** while I was trying to answer.
그 면접관이 내가 대답하려고 하는 동안 불쑥 끼어들었다.

b. We all chipped **in** to get something nice for his present.
우리는 그의 선물로 좋은 것을 사기 위해 돈을 갹출했다.

c. I don't like him cutting **in** on me.
나는 내가 말할 때 그가 끼어드는 것을 좋아하지 않는다.

d. Everyone pitched **in**, working day and night to get the job done **in** time.
모두들 시간 맞춰 그 일을 끝내기 위해 밤낮으로 협력했다.

e. Everyone weighed **in** on the issue.
모두 그 쟁점에 대해 각자의 제안을 가지고 (토론에) 참여했다.

2.3.8. 범위 좁혀 들기

다음에서 이동체는 목표를 향해 범위를 좁혀 들어간다.

(1) a. The detective closed **in** on the suspect.
　　　그 형사는 범위를 좁혀 들어가서 그 용의자를 잡았다.

　b. The missile zeroed **in** on the target.
　　　그 유도탄은 범위를 좁혀 들어가서 표적을 명중했다.

　c. The camera zoomed **in** on his face.
　　　그 카메라는 범위를 좁혀 들어가서 그에게 초점을 맞추었다.

2.3.9. 섞여들기

다음에서 in은 이동체가 다른 것과 섞여드는 관계를 나타낸다.

(1) a. Oil does not blend with water.
　　　기름은 물과 섞이지 않는다.

　b. The temple does not blend **in** with the landscape.
　　　그 사원은 그 주변 풍경과 조화되어 섞여들지 않는다.

a 문장은 기름과 물이 직접 섞이거나 그렇지 않은 관계를 나타내고, b 문장은 in이 쓰여서 사원이 배경과 섞여 들어가는 과정을 그린다.

(2) a. The oil company merged with a larger company.
　　　그 기름 회사는 좀 더 큰 회사와 합병했다.

　b. I used a color green that would merge **in** with the background.
　　　나는 그 배경에 섞여 들어가는 초록색을 사용했다.

a 문장은 두 회사가 직접 합병하는 것이고, b 문장은 in이 쓰여서 두

개체가 섞여 들어가는 관계를 나타낸다. 다음 추가적인 예를 살펴보자.

(3) a. He went into the hall and mingled **in** with the rest of the guests.
그는 그 홀로 들어가서 나머지 손님들과 섞여 들어갔다.

b. The fancy car does not fit **in** with his life style.
그 고급 차는 그의 생활양식과 어울리지 않는다.

(4) a. The band came down from the stage and mixed **in** with the audience during the break.
그 밴드 단원들은 휴식 시간 동안 무대에서 내려와서 관중들과 섞여들었다.

b. Joe joined **in** with Jack and worked on the project.
조는 잭과 손을 맞잡고 그 기획사업에 종사했다.

c. The new building is designed to tone **in** with the historical palaces of the area.
그 새 건물은 그 주위의 역사적 궁전과 조화가 되게 설계되었다.

f. What she is saying ties **in** with the report.
그녀가 말하는 것은 그 보고서와 맞아 든다.

3. 부사 in과 다른 전치사

부사 in은 이동체가 밖에서 안으로 들어가는 관계를 나타내므로 출발지와 도착지를 명시할 수 있다. 출발지는 from으로, 도착지는 on이나 to로 나타낼 수 있다.

3.1. 출발지: in from

부사 in의 출발지는 전치사 from으로 명시될 수 있다.

(1) a. Breeze is blowing **in** from the ocean.
   시원한 바람이 그 바다로부터 불어오고 있다.
   b. All kinds of fruits are brought **in** from all over the country.
   모든 종류의 과일들이 전국에서 들어온다.
   c. He moved **in** from the countryside.
   그는 그 시골에서 이사해 들어왔다.
   d. The cloud is rolling **in** from the ocean.
   그 구름이 그 바다로부터 불어 들어오고 있다.

3.2. 도착지: in on, in to

도착지는 전치사 on과 to로 나타내는데 이 두 전치사의 차이는 다음과 같다. 전치사 on은 그것의 목적어가 접촉이나 영향을 받는 경우이고, to에는 도착지를 향하는 관계를 나타낸다.

접촉, 영향, 도착지

다음에서 in의 도착지는 on으로 표시되고 on의 목적어는 이동체가 도착지에 닿아서 영향을 받는 관계이다.

(1) a. Police closed **in** on the robber.
   경찰이 범위를 좁혀 들어가서 그 강도를 잡았다.

b. The rocket zeroed **in** on the target.
   그 로켓이 범위를 좁혀 들어가서 그 목표에 명중했다.

전치사 to에는 피해나 영향의 의미가 없다. 다음을 비교해 보자. on이 쓰인 문장 a는 내가 영향을 받는 뜻이고 to가 쓰인 문장에는 그런 뜻이 없다. 문장 b에서는 영향의 뜻이 없으므로 to만 가능하다. 라디오의 주파수를 맞추는 것으로 방송국에 영향을 미칠 수 없기 때문이다.

(2) a. He listened **in** on me.
    그는 (대화에 몰래 끼어들어서) 내 말을 들었다. 즉, 도청을 했다.
   b. He listened **in** to me.
    그는 (대화에 끼어들어서) 내 말을 들었다.
   c. He tuned his radio **in** to ABC.
    그는 그 라디오의 주파수를 ABC에 맞추어서 들었다.
   d. *He turned his radio on ABC.

다음에서 in on의 예를 몇 가지 더 살펴보자.

(1) a. Her whole life crashed **in** on her.
    그녀의 전 인생이 그녀에게 무너져 들어왔다.
   b. He dropped **in** on his friend while he was **in** the city.
    그는 시내에 있는 동안 그의 친구를 찾아 들어왔다. 즉, 그의 친구에게 들렀다.
   c. I looked **in** on my mother at the nursing.
    나는 그 요양원에 계시는 어머니를 들여다보았다. 내 시선이

(방 같은 곳에 들어가(in)) 어머니에게 닿는다(on).

d. He horned **in** on our conversation.
그는 우리 대화에 끼어들었다.

e. They narrowed **in** on the solution.
그들은 범위를 좁혀 들어가서 그 해결책을 찾았다.

f. The eagle swooped **in** on a rabbit.
그 독수리가 빠른 속도로 휙 범위를 좁혀 들어가서 토끼 한 마리를 잡았다.

g. The missile zeroed **in** on the target.
그 유도탄은 범위를 좁혀가면서 그 표적에 명중했다.

h. The camera zoomed **in** on her.
그 카메라가 줌을 당겨서 그녀에게 초점을 맞췄다.

3.3. in to와 into

in to와 into는 비슷하지만 전혀 다르다. 다음을 비교해 보자.

(1) a. The army marched **into** the city.
그 군은 그 시로 진군해 들어갔다.

b. The army marched **in** closer to the city.
그 군은 그 도시로 좀 더 가깝게 진군해 들어갔다.

a 문장에서 into는 군인들이 어느 시 안으로 들어간 관계를 나타내고, b 문장에서는 군인들이 어느 시의 도착 지점을 향해 가깝게 접근하는 관계를 나타낸다.

이것을 도식화하면 다음과 같다. 왼쪽 그림에서 군인들은 도시 안에 들어가고 있고, 오른쪽 그림에서는 군인들이 도시 가까이로 접근하고 있다.

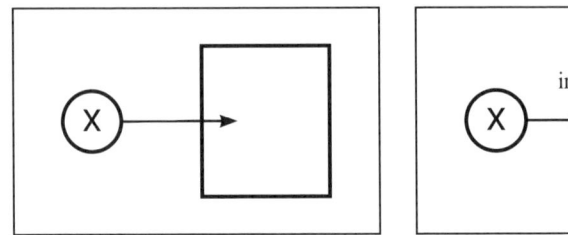 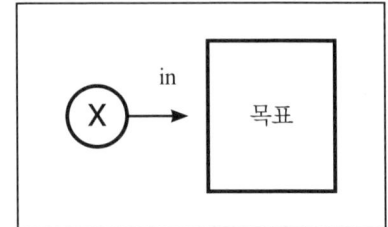

a. into: 군인들이 도시에 들어가 있는 관계

b. in to: 군인들이 도시에 접근하는 관계

다음 몇 문장을 더 살펴보면 into와 in to가 서로 다름을 확실히 알 수 있다. into가 쓰인 a문장은 비문이고 같은 in to가 쓰인 b문장은 정문이다.

(1) a. *He gave **into** the demand
    b. He gave **in** to the demand.
       그는 요구에 굴복했다.

다음 짝지어진 문장도 마찬가지이다.

(2) a. *He tuned **into** the Olympic games on TV.
    b. He tuned **in** to the Olympic games on TV.
       그는 올림픽 경기를 틀어 놓고 있다.

(3) a. *He turned himself **into** the police.
    b. He turned himself **in** to the police.

그는 그 자신을 경찰에 들여보냈다. 즉, 자수했다.

(4) a. *The successive governments caved **into** the demand of the union.

 b. The successive governments caved **in** to the demand of the union.
 잇따른 정부들이 노동조합의 요구에 굴복했다.

영어전치사
AT, IN, ON

03-3
AT,IT,ON의 분석

ON

들어가는 말

on은 전치사와 부사로 쓰인다. 먼저 전치사 용법부터 살펴 보자.

1. 전치사 용법

이 전치사는 X on Y에서 X가 Y에 **닿아 있는** 관계를 나타낸다. 닿는 곳은 Y의 위, 아래, 옆 등이 될 수 있다. 이것을 도식화하면 나타내면 다음과 같다.

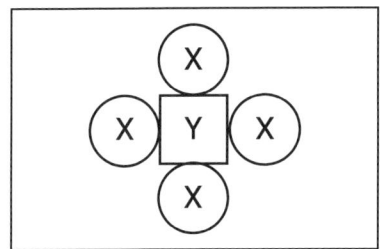

a. on: X가 Y에 닿아있는 관계

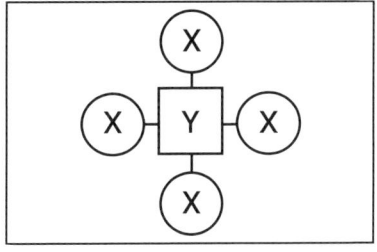

b. on: X가 Y에 이어져 있는 관계

다음 (1a)에서 컵이 식탁 위에, (1b)에서 빗방울이 창문 옆에, (1c)에서 파리들이 천장 밑에 **닿아** 있거나 **붙어**있다. (1d)에서는 사과들이 위, 옆, 밑에 있다고 단정 짓기 어렵다. 그저 달려있거나 붙어있으면 **on**의 관계가 된다.

(1) a. a coffee cup **on** the table
그 탁자 위에 닿아 있는 커피 잔

b. rain drops **on** the window
그 창문에 맺혀 있는 빗방울들

c. flies **on** the ceiling
그 천정 밑에 붙어있는 파리들

d. apples **on** the tree
그 나무에 달려 있는 사과들

전치사 on은 통상 우리말로 '위'로 번역이 된다. 그러나 우리말 '위'와 영어 on은 같은 점도 있으나 다른 점이 더 많다. **X 위의 Y**에서 X는 Y에 닿아 있을 수도 있고, 떨어져 있을 수 있다.

(2) a. 책상 위의 책 (닿음)

b. 땅 위의 하늘 (안 닿음)

그러나 영어 on은 X on Y에서 X는 Y에 반드시 닿아 있는 관계이다. 다음 예를 살펴보자.

(3) a. Icing **on** the cake
그 케이크 위의 아이싱

b. Strawberries **on** the pizza
그 피자 위의 딸기들

위 예문은 '위'라는 뜻으로 풀이될 수 있지만, 다음 예문들에 쓰인 **on**의 용법은 '위'로 설명이 안 된다.

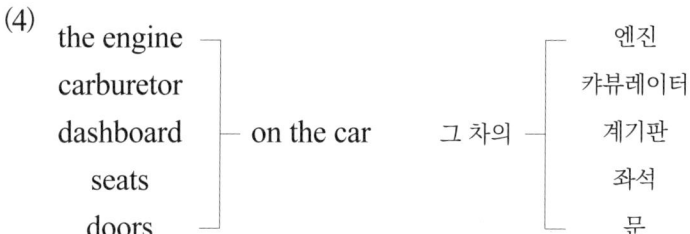

(4)에 쓰인 X는 자동차의 부품이다. 이들이 자동차 **위에** 붙어 있다고 말하기는 어렵다. 경우에 따라서는 위, 아래, 옆, 밑 어디든지 될 수 있다. 그러므로 on이 나타내는 관계는 **위치**가 아니라 **접촉**이다. (4)에 쓰인 부품 모두 차에 닿거나 붙어있음을 나타낸다.

다음 예를 더 살펴보자.

(5) a. machines **on** the ship 그 배에 달린 기계들
   b. second lane **on** the road 그 길의 2차선
   c. apps **on** the phone 그 전화기에 있는 앱들
   d. a camera **on** the phone 그 전화기에 달린 카메라
   e. a videt **on** the toilet 그 변기에 붙어 있는 비데

다음과 같은 경우, X와 Y는 분리될 수 없으나 X가 Y에 붙어 있는 것으로 개념화된다.

(5)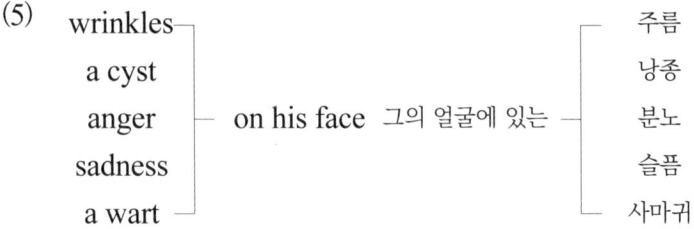

전치사 on의 접촉관계는 우리말 **걸다, 달다, 닿다, 대다, 붙다, 붙이다**에서 찾아볼 수 있다. 옷은 옷걸이에 걸면 옷이 옷걸이에 닿고, 손을 이마에 대면 손이 이마에 닿고, 벽보를 벽에 벽에 붙이면 벽보가 벽에 닿는다. 여기사 말하는 접촉은 **닿다**와 비슷하다.

X가 Y에 닿아 있을 수 있는 장소는 위에서 살펴본 바와 같이 여러 장소이다. 그 가운데 X가 Y 위에 닿아 있는 것이 전형적이다. 이런 전형적인 관계가 성립하기 위해서는 다음 세 가지 조건을 찾아볼 수 있다. X와 Y가 닿아 있어야 하고 (접촉), X가 Y에 의존하고 (의존), 또 X가 Y에 힘을 가한다 (영향). 이것을 도식화하면 다음과 같다.

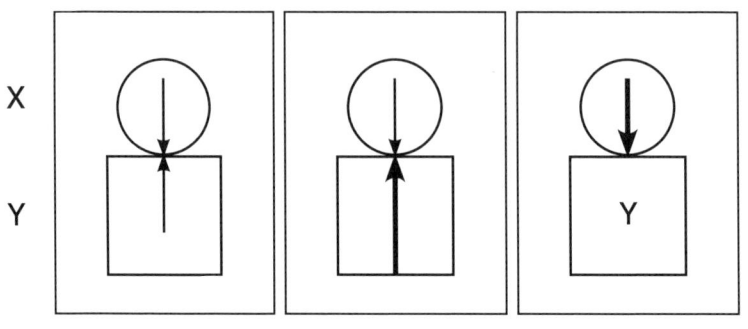

a. X가 Y에 닿는 관계   b. X가 Y에 의존 관계   c. X가 Y에 영향을 주는 관계

전치사 on의 뜻을 위의 전형적인 관계를 바탕으로 다음 세 가지로 나누어서 살펴보겠다; 접촉, 의존, 영향.

1.1. 접촉

대표적인 접촉의 예는 사람이 살아가는 생활에서 찾아볼 수 있다. 우리가 살아가면서 어디에 접촉하지 않고는 살아갈 수 없다. 서 있을 때는 발이 땅에 접촉되고, 누워있을 때는 등이 바닥에 접촉된다. 사람이나 동물이 가장 많이 접촉하는 것은 땅, 얼음, 눈, 물, 공기 등이다.

1.1.1. 땅, 눈, 얼음, 물

다음에서 on의 목적어는 사람이나 동물의 발에 닿는 곳이다.

(1) a. Polar bears travel **on** land/ice/snow.
   북극곰은 땅/얼음/눈 위를 (딛고) 다닌다.

   b. He is standing **on** the stage/platform/ground/floor.
   그는 그 무대/승강장/땅/마루 위에 (닿아) 서 있다.

   c. The elephant is the biggest animal **on** earth.
   코끼리는 지구 상에서 가장 큰 동물이다.

   d. **On** this planet, earth, there are many animals and plants.
   이 행성 지구에는 많은 동물과 식물이 있다.

1.1.2. 길

사람이나 탈 것이 길을 이용할 때는 길과 접촉 없이 이루어질 수 없다. 영어에서 길의 대표적인 예는 road, street, way이다. 길을 걷거나, 자동차로 어디를 갈 때 사람이나 차가 길과 접촉된다. 이 접촉 관계는 on으로 표현된다. road부터 살펴 보자.

road

(1) a. He is **on** the road to *Gwangju*.
그는 광주에 가는 자동차 길에 있다. 즉, 가고 있다.

b. He headed out **on** the road.
그는 나가서 길을 탔다. 즉, 가고 있다.

c. He meets strangers **on** the road.
그는 자동차 여행 하는 가운데 낯선 이들을 만난다.

d. He is **on** the road **on** the way home.
그는 자동차를 타고 고향에 가는 중이다.

street

(2) a. There are hundreds of people out **on** the street.
그 거리에 수백 명의 사람들이 나와서 있다.
(이 때 사람들의 발이 땅에 닿는다.)

b. There are many shops **on** the street.
그 거리에는 많은 상점들이 있다.
(이 때 상점들이 거리와 닿아있다.)

way

(3) a. Air Force One, the presidential plane, is **on** its way to Singapore.
공군 1호기, 그 대통령 전용기가 싱가포르에 가는 도중에 있다.

b. **On** his way home, he dropped by a store and bought some fruits.
집에 돌아오는 길에, 가게에 들어갔다가 과일들을 몇가지 샀다.

c. Summer is **on** the way.
여름이 오고 있는 중이다.

d. He is driving down **on** *Gyungbu* Highway.
그는 경부 고속도로를 타고 운전하여 내려가고 있다.

다음에서도 X on Y에서 X는 이동체이고 Y는 관사가 없이 쓰인 추상적인 길이다.

(4) a. He's **on** track to promotion.
그는 진급 궤도에 올라와 있다.

b. They put the talk back **on** track.
그들은 그 회담을 다시 궤도에 진입시켜 놓았다.

c. The company is **on** course for achieving the goal.
그 회사는 그 목적을 달성하기 위해 순조롭게 진행 중이다.

d. The two countries are **on** a collision course.
그 두 나라는 충돌 경로에 들어서 있다.

1.1.3. 탈 것

다음 X on Y에서 X는 대표적으로 사람이고 Y는 탈것이다. 사람이 탈 것에 타면, 사람은 탈 것에 접촉된다. 차에 몸이 닿지 않게 우리가

차를 탈 수는 없다. 탈 것의 대표적인 낱말은 board이다. on board는 사람이 탈 것을 타고 있는 관계를 나타내고, 탈 것은 자동차, 비행기, 선박 등에 쓰일 수 있다. on board는 전치사로 쓰여서, 목적어를 가질 수 있다.

(1) a. The president went **on** board Air Force One.
대통령은 공군 1호기에 탑승하고 왔다.

b. He went **on** board the plane.
그는 그 비행기를 탔다.

c. He carried the luggage **on** borad.
그는 그 짐을 비행기 위에 가지고 갔다.

d. The ship went down with all the passengers **on** board.
그 배는 모든 승객을 태운 채 가라앉았다.

다음 문장에서도 on의 목적어는 탈 것이다.

(2) a. He came **on** the bus at *Gwanghwamun*.
그는 광화문에서 버스를 타고 왔다.

b. We got **on** the train at 6.
우리들은 그 기차를 6시에 탔다.

c. I put him **on** the 8 o'clock plane.
내가 그를 8시 비행기에 태웠다.

d. He rode **on** the roller coaster at the amusement park.
그는 그 놀이공원에서 롤러코스터를 탔다.

e. Refugees came **on** boats.
   피난민들이 배들을 탔다.

참고로, 교통수단을 나타내는 또 한 가지 방법은 전치사 in을 쓰는 것이다. 전치사 in이 쓰일 때에 탈것은 승용차와 같이 일단 안에 들어가면 이리저리 움직일 수 없는 작은 차다.

(3) a. He moved around **in** *a compact car*.
   그는 소형차를 타고 이리저리 다녔다.

  b. She got around **in** *a taxi*.
   그녀는 택시를 타고 이리저리 다녔다.

  c. She carried her baby **in** *a stroller*.
   그녀는 애기를 유모차에 태우고 다녔다.

1.1.4. 과정

몇몇 동사는 정관사 the와 같이 쓰여서 명사로 쓰인다. 예를 들어 동사 run은 정관사 the와 함께 쓰여서 명사로 쓰인다: X on the run. 이 표현에서 on은 이동체가 이동과 닿아 있음을 나타낸다. 즉, 이동체가 움직이고 있음을 나타낸다.

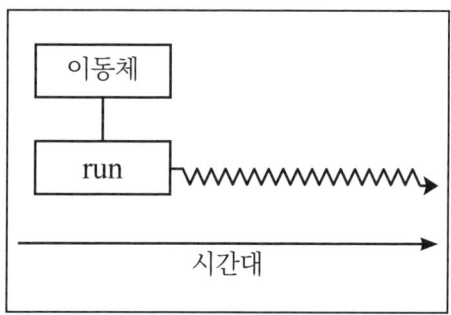

X on the run: X가 동작run에 닿아있는 관계

(1) a. He's **on** the run.
   그는 달리고 있다. 도망중이다.

   b. Prices are **on** the increase/decrease.
   가격이 오르고/내리고 있다.

   c. He is always **on** the go.
   그는 언제나 움직이고 있다. 즉, 활동중이다.

   d. The presidents' approval rating is **on** the rise/fall.
   대통령의 지지율이 오르고/내리고 있다.

   f. The lions are **on** the hunt.
   그 사자들은 사냥 중에 있다.

   g. The scouts are **on** the lookout for food.
   그 단원들은 음식을 찾아 다니고 있다.

   h. Three prisoners are **on** the **loose**.
   세 명의 죄수들이 돌아다니고 있다.

다음에는 on의 목적어가 관사 없이 쓰였다.

(2) a. This semester, three linguistics courses are **on offer**.
   이번 학기에 3개의 언어학 강좌가 제공되고 있다.

   b. New electric cars are **on show**.
   새 전기차가 전시되고 있다.

   c. She is **on** maternity **leave**.
   그녀는 출산휴가 중에 있다.

   d. He is **on coverage** of the crisis.
   그는 그 위기를 취재 중에 있다.

e. Shs is **on layover** at San Franciso.
그녀는 샌프란시스코에서 쉬고 있다.

f. the soldiers **on duty**
근무 중인 군인들

g. the house **on sale**
세일에 나와 있는 집

h. the doctor **on call** for 24 hours a day
24시간 전화 대기 중인 의사

다음에서 전치사 on의 목적어는 동사의 성격을 가진 명사이다.

(3) a. cars **on** display
전시 중인 차

b. coast guard **on** patrol
순찰 중인 해안 경비대

c. crew **on** standy
대기 중인 승무원

d. house **on** acution
경매에 나온 집

e. guard **on** the lookout
경계를 하고 있는 경비

1.1.5. go (on) V-ing

go, continue, keep과 같은 동사는 전치사 **on**이 같이 쓰일 수 있다.

(1) a. go V-ing vs. go **on** V-ing

　　b. continue V-ing vs. continue **on** V-ing

　　c. keep V-ing vs. keep **on** V-ing

다음 각각의 표현들은 on의 유무에 따라 차이가 난다. 이 두 표현의 차이를 살펴 보자.

(1) a. We went dining out.

　　　우리는 외식하려고 나갔다.

　b. We went **on** dining out.

　　　우리는 **반복해서** 외식하러 나갔다.

(2) a. They continued working.

　　　그들은 일을 계속 했다.

　b. They continued **on** working.

　　　그들은 이어서 **반복적으로** 일했다.

(3) a. Tourists kept coming back.

　　　관광객들이 계속해서 다시 왔다.

　b. Tourists kept **on** coming back.

　　　관광객들이 **반복적으로** 계속해서 왔다.

(3)의 두 문장은 다음과 같이 도식화할 수 있다. 다음 도식 1에서 coming은 하나의 상태이므로 W로 표시했다. 이 주어진 상태가 시간이 지나도 그대로 있음을 도식1이 나타낸다.

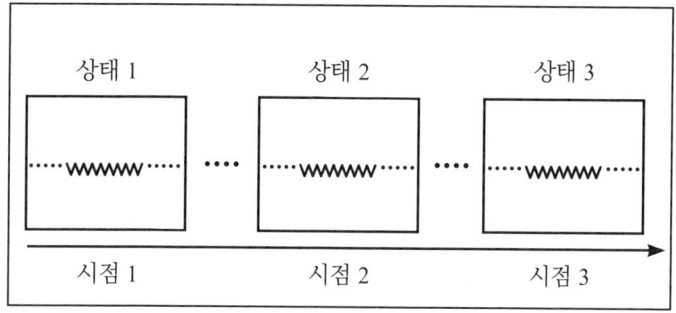

도식 1: keep V-ing

다음 도식 2에서는 on이 쓰여서 coming이 반복적으로 이어짐을 나타낸다. 다음 도식에서 곡선 사이의 직선은 중단을 표시한다.(WIW

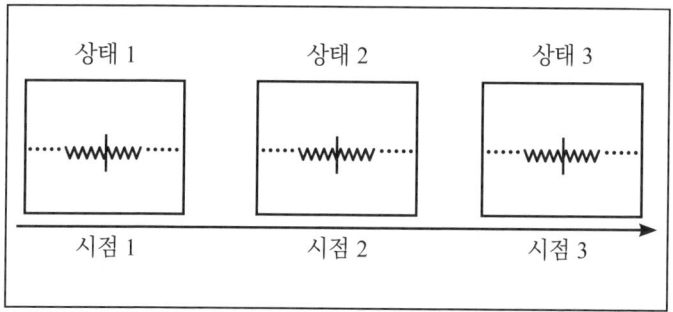

도식 2: keep **on** V-ing

1.1.6. 방문, 여행

X on Y에서 X는 사람이고 Y는 방문, 여행 같은 것이다. on은 이 둘이 닿아 있음을 나타낸다. 사람이 여행을 한다는 것은 사람이 여행에 닿아 있다는 표현이다. 즉 사람 따로 여행 따로일 수는 없다.

(1) a. He went **on** a backpacking trip.
    그는 배낭여행을 갔다.

b. They are **on** a tour to the island.
그들은 그 섬에 가서 관광 중이다.

c. The family is away **on** vacation.
그 가족은 휴가로 떠나가 있다.

d. The family is **on** a journey to India.
그 가족은 인도로 가는 여행 중에 있다.

e. He set out **on** an adventure.
그는 모험 여행을 떠났다.

f. We went **on** a tour package.
우리는 패키지 여행을 갔다.

1.1.7. 구성원과 집합체

X on Y에서 X는 구성원이고 Y는 이들로 이루어진 집합체이다. 구성원이 집합체에 닿아 있다는 것은 X가 Y의 구성원임을 나타낸다.

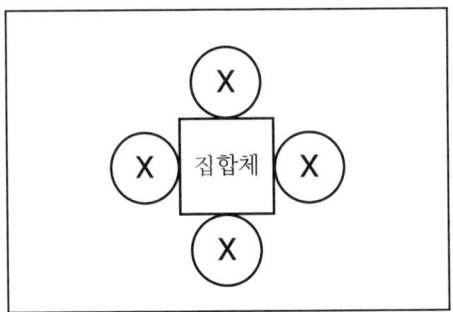

X 구성원들이 집합체 Y에 닿아있는 관계

(1) a. He serves **on** the selection committee.
그는 그 선정위원회에서 일한다.

b. Her colleague is **on** the faculty of arts.
그녀의 동료가 인문 교수진에 속한다.

c. There are many experts **on** the leagal team.
그 법률팀에는 많은 전문가들이 있다.

d. He serves **on** the board of directors.
그는 그 이사회에서 일한다.

e. He sat **on** the jury.
그는 그 배심원단에서 일했다.

(+staff, panel)

1.1.8. 사회 매체

사회매체는 통상 platform(승강장)으로 인식된다. 승강장에는 사람이 서게 된다. 우리가 승강장에 서면 몸이 승강장에 닿는다. 그래서 사회매체는 통상적으로 on이 쓰인다.

(1) Hundreds of people are standing **on** the platform waiting for the train to come.
수백 명의 사람들이 그 기차가 오기를 기다리며 그 승강장에 서 있다.

platform은 정치적 강령으로도 확대되어 쓰인다.

(2) The Republicans ran the campaign **on** the platform of tax reform.
공화당은 세제 개혁의 정강 위에 서서 선거 유세를 했다.

platform은 다음과 같이 사회 매체에도 쓰인다.

(3) a. **on** public platforms
공용 승강장에서

b. **on** multiple social media platforms
다양한 사회매체 승강장에서

c. **on** streaming platforms
방송을 들을 수 있는 플랫폼들

platform 외에 다음과 같은 사회 매체도 있다.

(4) a. He posted emotional messages **on social media**.
그는 감성적인 글을 사회 매체에 올렸다.

b. We can buy and sell things **online**.
우리는 온라인에서 물건을 사고 팔 수 있다.

c. The President wrote **on twitter** that he would fire the FBI director.
대통령은 FBI 원장을 해고하겠다고 트위터에 글을 썼다.

d. I learned about the news **on facebook**.
나는 페이스북에서 그 소식을 알게 되었다.

e. He put out a statement **on Instagram**.
그는 인스타그램에 성명서를 발표했다.

방송 매체도 on으로 표현된다. 우리말에 방송을 '타다'라는 표현과 비슷하다. 우리는 길이나 차량을 탈 수 있듯이 방송 매체도 탈 수 있다.

방송매체

(6) a. He was **on** "Meet the Press"
   그는 "기자회견"에 참석했다.

   b. She was **on** Oprah Winfrey show.
   그는 오프라 윈프리 쇼에 나갔다.

   c. Thank you for coming **on** the show.
   쇼에 나와주셔서 감사합니다.

   d. They are **on** broadcast.
   그들은 방송 중이다.

   e. headlines **on** CNN
   CNN의 헤드라인들

   f. He watches news **on** TV/ **on** PC.
   그는 뉴스를 TV/ 개인 컴퓨터에서 본다.

   g. He listens to music **on** the radio/ **on** the smartphone.
   그는 음악을 라디오/ 스마트폰에서 듣는다.

방송 프로그램과 방송국 사이도 닿아 있는 관계로 생각되어 전치사 on으로 표현된다.

프로그램 on 방송국

(7) News Room **on** CNN   CNN의 뉴스룸

    Impact **on** BBC   BBC의 Impact

    Prince Diana **on** Discovery   디스커버리의 다이애나 공주

    The weirdest animals **on** Nat Geo Wild

Nat Geo Wild의 가장 이상한 동물들

9 o'clock news **on** TV Chosun   TV 조선의 9시 뉴스

1.1.9. 글, 도표

X **on** Y에서 X는 그림, 글씨, 도표 등이고 Y는 이들이 나타나는 지면이나 화면 스크린 등이다. X가 Y에 닿아 있다는 것은 Y에 나타나 있음을 의미한다. 다음 a문장에서 그의 이름이 명단에 닿아 있는 것으로 개념화된다.

(1) a. His name is **on** the waiting list.
그의 이름이 그 대기자 명단에 있다.

b. A plane is **on** the radar.
비행기 한 대가 그 레이더에 나타나 있다.

c. The country is not **on** the map.
그 나라는 그 지도에 나타나 있지 않다.

d. The illustration is **on** page 50.
그 그림은 50페이지에 있다.

e. There are many exotic dishes **on** the menu.
그 메뉴에는 많은 이국 요리들이 적혀 있다.

f. He set down the phone number **on** a piece of paper.
그는 그 전화번호를 종이에 적었다.

g. The team is very good **on** paper, but the game is played **on** grass.
그 팀은 서류 상 좋은 팀이다. 그러나 경기는 잔디에서 이루어진다.

1.1.10. 영상

X on Y에서 X는 영상이고 Y는 매체이다. **on**은 영상이 영상매체에 닿아 있음을 나타낸다. 즉, 영상이 매체에 기록되어 있음을 나타낸다. 다음 a문장에서 **on**은 도둑의 영상이 카메라에 가 닿음을 나타낸다.

(1) a. The thief was captured **on** security camera.
그 도둑은 보안 카메라에 잡혔다.

b. The accident is recorded **on** blackbox.
그 사고는 블랙박스에 기록이 되어 있다.

c. He captured the scene **on** video.
그는 그 장면을 비디오에 담았다.

d. Look at the new electric car **on** the screen.
그 새 전기차를 그 스크린에서 보세요.

e. You can see the drama **on** video.
여러분은 그 드라마를 비디오에서 볼 수 있습니다.

1.1.11. 소리

X on Y에서 X는 소리이고 Y는 매체이다. on은 소리가 매체에 닿아 있음을 나타낸다. 닿아있다는 것은 소리가 매체에 녹음되어 있음을 나타낸다.

다음 예에서 on은 노래가 테이프나 CD 같은 매체에 닿음을 나타낸다. 즉, 녹음이 되어 있음을 나타낸다.

(1) a. The rock music was recorded **on** compact disc.
그 락 음악은 컴팩트 디스크에 녹음되었다.

b. The interview is recorded **on** tape.
   그 면담은 테이프에 녹음 되어 있다.

c. The traditional music is kept **on** CD.
   그 전통음악은 CD에 기록 보관되고 있다.

1.1.12. 빛

다음에서 X는 빛이고 빛은 움직이는 것으로 생각된다. 빛이 가 닿는 곳은 전치사 on으로 명시된다. 빛 외에 시선이나 주의도 빛과 같이 어떤 대상에 가 닿을 수 있다.

(1) a. He shone a light **on** the problem.
   그는 불을 그 문제에 비추었다. 즉 그 문제를 밝혀 주었다.
   (밝음은 앎이라는 은유가 적용된 표현이다.)

b. His explanation sheds light **on** the situation.
   그의 설명이 그 상황에 빛을 비추어 주다. 즉 그 사실이 분명하게 되다.

다음에서의 '눈'은 환유적으로 시선이나 주의를 가리킨다.

(1) a. Keep an eye **on** the baby.
   그 애기를 잘 살펴 보아라.
   (an eye가 쓰인 것은 사격 시 주위를 집중할 때 한 눈을 감는데서 온 표현이다.)

b. Keep eyes **on** the luggage.
   그 짐에 시선을 고정시켜라. 즉, 살피고 있어라.

주의도 빛과 같이 대상에 가 닿는 것으로 개념화된다.

   (2) a. He is bent **on** mastering Korean.
         그는 한국어를 숙달하기 위해서 온 마음을 쏟고 있다.

      b. I am fixing my mind **on** my homework.
         나는 내 마음을 그 숙제에 고정시키고 있다.

      c. The president is focusing **on** his attention **on** the upcoming summit meeting.
         그 대통령은 그의 온 주의를 다가오는 그 정상회담에 집중하고 있다.

      d. My mind is set **on** the interview next week.
         내 마음은 다음주에 있을 그 면담에 집중되어 있다.

      e. He is concentrating **on** the project.
         그는 그 기획사업에 마음을 집중하고 있다.

1.1.13. 발견

X (up)on Y에서 on은 X인 마음이나 시선인 X가 대상 Y에 가 닿는 관계를 나타낸다. 마음이나 주의가 대상에 가 닿는다는 것은 이것을 발견하는 의미로 개념화된다.

   (1) a. He hit **upon** a good idea.
         그는 좋은 생각을 떠올렸다.

      b. I came **upon** an old friend.
         나는 옛 친구와 만나게 되었다.

c. He stumbled **upon** an old coin.
그는 옛 동전을 우연히 발견했다.

d. I struck **upon** a way to solve the problem.
나는 그 문제를 해결할 방법을 갑자기 생각해냈다.

위 문장에서 주어는 모두 환유적으로 주어의 마음이나 주의를 가리키고, 이것이 on의 목적어에 가 닿게 되는 관계이다.

1.2. 접촉에서 관련으로

X와 Y가 **접촉**되어 있는 관계는 X와 Y가 **관련**이 되는 관계로 확대된다. 다음 a문장에서 회사의 손실과 무역이 관계가 있음을 전치사 on이 나타낸다.

(1) a. The company lost billions of dollars **on** trade.
그 회사는 수천만 달러를 무역에 의해 잃었다.

b. He is losing sleep **on** Trump's threat.
그는 트럼프의 위협을 받고 잠을 잃고 있다.

c. He came across a good restaurant **on** his walk.
그는 산책을 하던 중 좋은 식당을 우연히 발견했다.

d. He cheated **on** emission test.
그는 배기 기능 검사를 속였다.

e. The judge ruled **on** the case.
그 판사는 그 사건에 대한 판결을 내렸다.

f. The congress voted **on** the bill.
그 의회가 그 법안에 대한 투표를 했다.

g. The party split **on** the issue.
그 당은 그 쟁점에 대해서 갈라졌다.

h. He congratulated me **on** my success.
그는 내 성공에 대해 나를 축하했다.

1.2.1. 악기 및 도구

사람이 악기나 도구를 쓸 때 사람의 손이나 몸이 닿지 않고는 쓸 수 없다. 그래서 이 경우에도 on이 쓰인다.

(1) a. He played the tune **on** the violin.
그는 그 곡을 바이올린으로 연주했다.

b. He played the Arirang **on** the Geomun-go.
그는 거문고로 아리랑을 연주했다.

c. Jascha Heifetz was **on** the violin.
야사 하이페츠가 그 바이올린 연자주였다.

d. He is keying the data **on** the laptop.
그는 랩탑 컴퓨터에 자료를 입력하고 있다.

e. He's **on** the telephone.
그는 전화를 하고 있다.

f. He is talking **on** the phone.
그는 전화기로 이야기를 하고 있다.

1.2.2. 추상명사

다음 X on Y에서 X는 과정이고 Y는 추상적 개념이다. on은 이 둘이 관계가 있음을 나타낸다.

아래 a문장에서 on은 그가 홍콩으로 간 것이 업무와 관계가 있음을 나타낸다. 그 아래 문장도 마찬가지로 풀이된다.

(1) a. He went to Hongkong **on** business.
   그는 사업차 홍콩을 갔다.

   b. He broke the glass **on** purpose.
   그는 일부러 그 유리잔을 깼다.

   c. He was released **on** bond.
   그는 보석금으로 풀려났다.

   d. He bought the stock **on** impulse.
   그는 충동적으로 그 주식을 샀다.

   e. He usually acts **on** instinct.
   그는 보통 본능에 따라 행동한다.

1.2.3. 돈을 쓰는 대상

X on Y에서 X는 돈을 벌거나 쓰는 과정이고, Y는 돈이 쓰이는 대상이다. 다음 a문장의 on은 spend와 옷이 관련이 있음을 나타내고, 이것은 돈을 Y인 옷에 쓴다는 의미이다.

(1) a. He spends a lot of money **on** clothes.
   그는 많은 돈을 옷을 사는데 썼다.

b. He lost a lot of money **on** stocks.
   그는 많은 돈을 주식들에 잃었다.

c. He made a lot of money **on** stocks.
   그는 많은 돈을 주식들에서 벌었다.

d. He wasted lots of money **on** gambling.
   그는 많은 돈을 도박에 탕진했다.

e. He tried to save money **on** gas.
   그는 기름 값을 아끼기 위해 노력했다.

1.2.4. 내용과 표현방식

X on Y에서 X가 Y와 내용상 관련이 있음을 나타낸다. X on Y에서 X는 내용의 표현방식이고, Y는 내용이다. 다음 a문장에서 "연설"은 표현 방식이고, 한국경제는 내용이다.

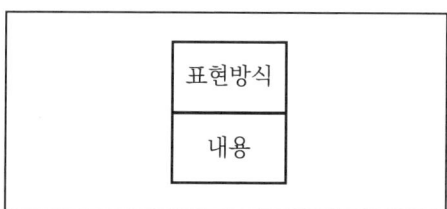

on: 내용과 표현방식이 닿아있는 관계

(1) a. He spoke **on** Korea's economy.
   그는 한국 경제에 대한 연설을 했다.

b. He reported **on** the Winter Olympic Games.
   그는 그 겨울 올림픽 경기에 대한 보도를 했다.

c. He lectured **on** the importance of checking blood pressure regularly.
   그는 규칙적으로 혈압을 재는 중요성에 대해 강의를 했다.

다음에서도 X는 명사로서 표현 양식이고, Y는 내용이다. 표현들을 더 살펴 보자.

  (1) a. a book **on** Korean war
         한국 전쟁에 대한 책
      b. information **on** the athlete
         그 운동선수에 대한 정보
      c. a film **on** the patriot
         그 애국자에 대한 영화
      d. a discussion **on** immigration
         이민에 대한 토의
      e. an article **on** the plane crash
         그 비행기 추락에 대한 기사
      f. a clip/video/film/footage **on** Polar bears
         북극곰의 클립, 비디오, 영화, 장면

on 이외에 about도 비슷한 의미를 갖는다. 그러나 둘은 구별된다. 다음을 살펴보자. about이 쓰이면 주어가 어떤 주제에 대해서 가볍게 이것저것 이야기함을, 그리고 on이 쓰이면 주어진 주제에 진지하게 이야기함을 나타낸다.

  (1) a. He spoke **about** the Korean war.
         그는 한국전쟁의 이것저것에 대해 연설했다.

b. He spoke **on** the Korean war.
   그는 한국전쟁을 진지하게 강연했다.

c. We talked **about/on** the political issue.
   우리는 그 정치 문제에 대해 가볍게/진지하게 이야기했다.

d. He advised me **about/on** my method of teaching.
   그는 내 학습 방법에 대해 대충/진지하게 충고해 주었다.

e. He commented **about/on** my report.
   그는 내 보고서에 대해서 이것저것/진지하게 논평해 주었다.

1.3. 전치사 on과 자동사화

몇몇 타동사는 전치사 on이 쓰여서 자동사로 쓰이는 경우가 있다. 다음 a문장에서는 동사가 타동사고, 이 경우 주어가 목적어에 **직접적으로** 영향을 준다. b문장에서는 전치사 on이 쓰여서 타동사가 자동사가 되며, 주어는 on의 목적어에 **간접적인** 영향을 준다. 다음 도식a에서 동사의 영향이 목적어에 직접 미치고, 도식b에서는 동사와 목적어 사이에 거리가 있다.

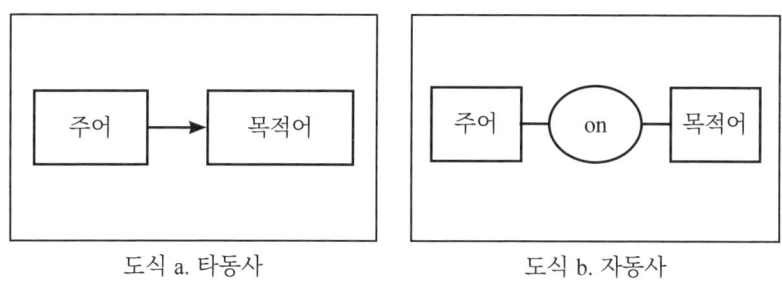

도식 a. 타동사   도식 b. 자동사

다음 짝지어진 문장을 살펴보자. 다음 a문장은 타동사가 쓰여서 그가 내 몸을 직접 조사하는 것이나, b문장은 자동사가 쓰여서 나와 관련

된 것을 조사 하는 것이다.

(1) a. The policeman checked me up.
  그 경찰이 내 몸 전체를 조사했다.

  b. The policeman checked up **on** me.
  그 경찰이 나에 관한 **정보**를 철저하게 조사했다.

(2) a. We gave him up.
  우리는 그를 포기했다.

  b. We gave up **on** him.
  우리는 그에 대한 **희망**을 포기했다.

(3) a. He missed the first part of the drama.
  그는 그 연극의 첫 부분을 놓쳤다.

  b. He missed out **on** the festival.
  그는 그 축제의 재미를 놓쳤다.

(4) a. He passed up his turn.
  그는 자기 차례를 지나쳤다.

  b. He passed up **on** the opportunity.
  그는 그 기회를 놓쳐버렸다.

(5) a. He polished up his shoes.
  그는 그의 신발을 닦았다.

  b. He polished up **on** his Korean.
  그는 한국어 실력을 갈고 닦았다.

동사 down on

(6) a. He cut down the tree in the yard.
   그는 그 뜰에 있는 그 나무를 잘라 넘겼다.

   b. The government is trying to cut down **on** fine dust.
   정부는 미세먼지를 줄이려고 한다.

(7) a. The cheetah clamped down the prey's throat with its jaws.
   그 치타는 그 먹이의 목을 그의 양 턱으로 졸랐다.

   b. The police is damping down **on** illegal parking.
   그 경찰은 불법주차를 심하게 단속하고 있다.

동사 back on

(8) a. We cut back the branches.
   우리는 그 가지들을 짧게 잘랐다.

   b. I cut back **on** caffeine.
   나는 카페인 섭취를 줄였다.

동사 off on

(9) a. He is holding off making a decision **on** the house.
   그는 그 집 사는 것을 미루고 있다.

   b. He is holding off **on** buying a house.
   그는 집을 사는 일에 대한 결정을 미루고 있다.

동사 through on

(10) a. He followed through his campaign pledges.
   그는 그의 선거 공약들을 이행했다.

   b. He pulled through **on** his campaing pledges.

그는 그의 선거 공약들에 대해 이행을 했다.

2. 의존관계

지금까지 우리는 X on Y에서 X가 Y에 접촉하는 관계를 살펴 보았다. 다음 X on Y에서 X가 Y에 의존하는 관계를 살펴 볼 것이다. 이 때, Y가 X를 떠받치는 의존관계이다. 다음 그림에서 Y의 굵은 화살표는 Y가 X를 떠받침을 부각시킨다.

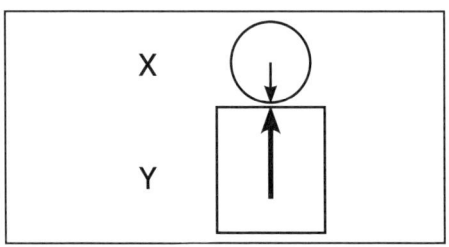

의존관계: X가 Y에 의존하는 관계

(1) a. I count **on** him.
    나는 그에게 의존한다.

b. The result depends **on** his effort.
    그 결과는 그의 노력에 달려 있다.

c. We rely **on** their help.
    우리는 그들의 도움에 의존한다.

d. I leaned **on** the table.
    나는 그 식탁에 기대었다.

e. His life hangs **on** her decision.
    그의 목숨은 그녀의 결정에 달려 있다.

f. The story is based **on** his personal experiences.
   그 이야기는 그의 개인적 경험들에 기반을 두고 있다.

g. The school is founded **on** the Christian belief.
   그 학교는 그리스도교의 믿음에 기반을 두고 있다.

h. The bus runs **on** electricity.
   그 버스는 전기의 힘으로 움직인다.

2.1. 자세

X on Y에서 X는 신체부위인 Y에 의존하여 어떤 자세를 취한다.

(1) a. He is standing **on** his toes.
    그는 그의 발 끝으로 딛고 서 있다.

b. She sleeps **on** his side.
   그녀는 옆으로 잔다.

c. He got back **on** his feet.
   그는 다시 제발로 서게 되었다. 즉, 강해졌다.

d. He is lying **on** his stomach.
   그는 배를 깔고 대고 누워 있다.

e. He knelt down **on** his knees.
   그는 무릎을 대고 앉았다.

f. He came **on** foot.
   그는 걸어서 왔다.

g. The cat landed **on** its paws.
   그 고양이가 발로 착지했다.

h. He walked **on** his tiptoes.
   그는 발가락으로 걸었다.

2.2. 약물, 음식

X on Y에서 X는 사람이고 Y는 음식, 약 등이다. on은 사람이 음식, 약 등에 의존하는 관계를 나타낸다.

(1) a. He's **on** pills.
      그는 약을 먹고 있다.
   b. He is **on** a diet.
      그는 음식 조정을 하고 있다.
   c. I am **on** medication.
      나는 처방약을 복용하고 있다.

다음에서 Y는 먹잇감이다.

(1) a. The islanders live **on** yam and banana.
      그 섬사람들은 옘과 바나나를 먹고 산다.
   b. He binged **on** chocolate.
      그는 초콜릿을 한껏 먹었다.
   d. He gorged **on** the food.
      그는 그 음식을 게걸스럽게 먹었다.
   d. Cattle graze **on** grass.
      소들은 풀을 뜯어먹는다.
   e. Lions prey **on** small animals.

사자들은 작은 동물을 잡아먹는다.

3. 영향

다음 X on Y에서 X는 Y에 (나쁜) 영향을 주는 관계이다. 다음 도식에서 X는 Y에 힘을 내리 누르고, Y는 이의 영향을 받는 관계를 나타낸다.

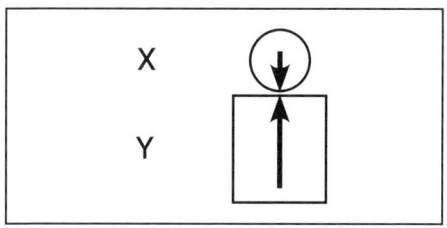

영향: X가 Y에게 힘을 가하는 관계

다음 표현에서 X는 명사이고, 이들이 Y에 영향을 주는 관계이다.

명사 on 명사

(1) a. attack **on** Syria
  시리아에 대한 공격

 b. impact **on** the economy
  그 나라 경제에 대한 대충격

 c. influence **on** the children
  어린 아이들에게 주어지는 영감

 d. pressure **on** Russia
  러시아에 대한 압박

e. sanctions **on** Iran
이란에 가해진 제약들

3.1. 전치사 on과 동사

아래에서는 전치사 on이 영향을 나타내는 관계를 타동사와 자동사로 나누어 살펴보겠다. 다음에서는 on이 타동사와 쓰였고, on의 목적어는 영향을 받는 관계이다.

3.2. 타동사

다음 a문장에서 on의 목적어는 영향을 받는다.

(1) a. He pinned blame **on** me.
그는 잘못을 내게 물었다.

b. He pressed drinks **on** me.
그는 내게 술을 강요했다.

c. He took revenge **on** her.
그는 그녀에게 복수를 했다.

d. My boss piled too much work **on** me.
내 상사는 나에게 너무 많은 일을 맡겼다.

e. He plans to spring his wedding **on** his family.
그는 그의 결혼 소식을 가족들에게 갑자기 알릴 계획이다.

f. The European countries imposed economic sanctions **on** Russia.
유럽 국가들이 러시아에 경제적 제재들을 가했다.

g. They opened fire **on** us.
그들은 우리에게 사격을 가했다.

다음 두 문장을 비교해 보자. 다음 a문장에서 on은 쓰일 수 있으나 to는 쓰일 수 없고, b문장에서는 그 반대이다.

(2) a. Flies spread diseases **on/*to** us.
파리들이 질병들을 우리에게 전파한다.

b. He passed the book **to/*on** me.
그는 그 책을 내게 주었다.

위 a문장에서는 on이 쓰이고 to가 쓰일 수 없다. 그 이유는 on의 목적어가 질병의 영향을 받기 때문이다. b문장에서는 to가 쓰이고 on이 쓰일 수 없다. 그 이유는 목적어가 나쁜 영향을 받지 않기 때문이다.

다음 두 문장도 비교해 보자. 전치사의 종류에 따라 뜻이 전혀 달라진다.

(3) a. He turned his back **on** me.
그는 나에게 등을 돌렸다(배반했다).

b. He turned his back **to** me.
그는 나에게 등을 보였다.

a문장의 on은 그가 등을 돌림으로써 내가 영향을 받는 관계, 즉, 배반을 당하는 관계를 나타내고, b문장의 to는 그의 등이 내 쪽으로 향하는 단순한 관계를 나타낸다.

3.3. 자동사

다음에서는 on은 자동사와 쓰여서 피영향자를 도입한다.

(1) a. The lunch is **on** me.
   그 점심은 내가 부담한다.

b. The bully fell upon the young boy.
   그 골목대장이 그 어린아이에게 달려들었다.

c. He jumped **on** Tom.
   그가 톰에게 뛰어 덤벼들었다.

d. They turned **on** us.
   그들은 갑자기 우리에게 덤벼들었다.

e. He hung up **on** me.
   그는 내가 기분 나쁘게 전화를 끊었다.

f. The puppy peed/pooed **on** me.
   그 강아지가 내게 오줌을/똥을 쌌다.

g. The door swung **on** me.
   그 문이 철썩 닫히면서 나를 쳤다.

h. Tanks closed **on** Moscow.
   탱크가 모스크바를 공격하기 위해 다가오고 있었다.

i. The soldiers marched **on** the city.
   그 군대가 그 도시를 공격하기 위해 진군했다.

j. He finked out **on** me.
   그는 약속을 지키지 않아 나를 실망시켰다.

k. He canceled **on** me.
   그는 나와의 약속을 취소했다.

l. He gained **on** me.
그는 내게 따라붙고 있다.

m. He cheated **on** me.
그는 나를 속였다.

n. The anxiety weighs **on** me.
그 걱정이 나를 짓누른다.

o. The mistake reflected badly **on** him.
그 실수가 그에게 불리하게 반영되었다.

p. He put the tab **on** her.
그가 그 계산서를 그녀에게 맡겼다.

3.4. on과 to의 비교

위에서는 전치사 on이 영향을 나타내는 예를 타동사와 자동사로 나누어 살펴보았다. 여기서는 '영향'의 뜻을 분명하게 하기 위해서 전치사 to와 on을 더 비교해 보자.

(1) a. Sara is off and it fell **on** me to arrange the meeting.
새라가 자리에 없어서, 그 회의를 준비하는 일은 내게 떨어졌다. (즉, 내가 부담을 지게 되었다.)

b. The job fell **to** him.
그 일은 그에게 떨어졌다. 즉, 그에게 할당되었다.

위 a문장의 on의 목적어는 부담을 지게 되는 사람이고 b문장의 to의 목적어에는 이런 의미가 없다.

다음 두 문장을 비교해 보자.

(1) a. The dog turned **on** the mailman.
그 개가 그 집배원에게 덤볐다.

b. He turned **to** his father for help.
그는 도움을 얻기 위해 아버지에게 갔다 또는 의존했다.

(2) a. The storm brought death **on** the tribe.
그 폭풍이 죽음을 그 부족에게 가져다주었다.

b. The rain brought life **to** the tribe.
그 비가 생명을 그 부족에게 가져다주었다.

위 a문장에서는 폭풍이 부족에게 죽음을 가져다주므로 부족이 해를 입고, b문장에서는 비가 생명을 부족에게 가져다주는 것이므로 부족이 덕을 입는다. 그래서 a문장에서는 on이, 그리고 b문장에는 to가 쓰였다.

동사 lower '내리다'도 의미에 따라서 to나 on이 쓰인다. a문장에서는 주어의 이동만 나타나고, b문장에서는 주어가 목적어에 해를 끼치므로 전치사 on이 쓰였다.

(1) a. He lowered **to** a lower floor.
그는 더 낮은 층으로 내려갔다.

b. Curse lowered **(up)on** him.
저주가 그에게 내려앉았다.

4. 시간

시간은 추상적인 개념이어서 더 구체적인 장소에 빗대어 표현된다. 즉, 은유로 표현된다. 그래서 시간과 관련하여 두 은유가 있다: 〈시간은 돈이다〉와 〈시간은 공간이다〉. 시간을 돈으로 생각하기 때문에 다음과 같은 표현이 가능하다.

(1) a. He saves a lot of money/time.
　　　그는 많은 돈을/시간을 절약한다.
　b. She wasted a lot of money **on** time.
　　　그녀는 많은 돈/시간을 낭비했다.

〈시간은 공간이다〉의 은유는 다음과 같은 표현에서 찾아 볼 수 있다. 즉, 공간 표현에 쓰이는 전치사가 시간 표현에도 쓰인다.

공간

(2) at a bus stop　　　버스 정류소에서
　　in the park　　　　공원에서
　　into the forest　　숲 속으로

시간

(3) in one hour　　　한 시간만에
　　into the night　　밤 속으로
　　at 10 o'clock　　　10시에

다음에서는 **on**이 시간을 나타내는 표현들을 살펴본다.

on은 행사나 사건이 일어난 날(day)을 표현하는데 쓰인다. 사건이나 행사 등은 시간과 떼어놓고 생각할 수 없다. 그래서 접촉을 나타내는 전치사 on이 쓰인다.

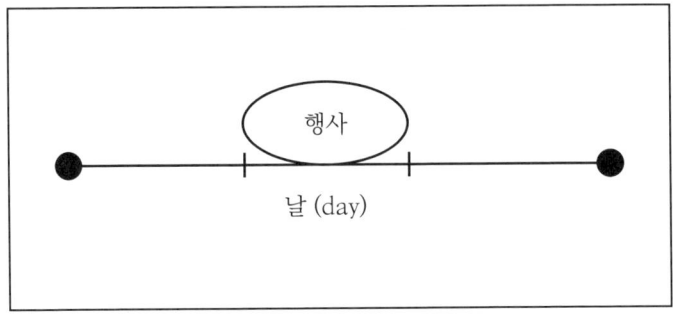

행사가 특정날짜나 그 일부에 닿아있는 관계

(4) a. He arrived here **on** Tuesday.
   그는 여기를 화요일에 도착했다.

   b. In 2019, Independence day fell **on** Thursday.
   2019년에 독립기념일은 목요일에 해당된다.

   c. **On** a sunny day, I walk to work.
   해가 비치는 날에 나는 걸어서 직장에 갔다.

on은 요일 뿐만 아니라, 달력의 날(날짜)도 표현하는 데 쓰인다.

(5) a. **on** November 3rd
   b. **on** October 22nd

기념일도 **on**으로 표현된다.

(6) a. **on** Arbor day 식목일
   b. **on** X-mas day 크리스마스
   c. **on** Lunar New Year day 음력 설날에

그밖에 특정한 날도 on으로 표현된다.

(7) a. **on** a sunny day 어느 밝은 날
   b. **on** the day of the election 선거일
   c. **on** a specific day 어느 특정한 날

on은 날(day) 뿐만 아니라, 하루의 특정한 부분인 오전, 오후, 저녁, 밤과도 같이 쓰인다. 다음 두 표현을 비교하여 보자.

(8) a. It is 6 o'clock in the morning.
   지금은 아침 6시입니다.
   b. It is 6 o'clock **on** Tuesday morning.
   지금은 화요일 아침 6시입니다.

(9) a. He left in the evening.
   그는 오후에 떠났다.
   b. He left **on** evening of February 12th.
   그는 2월 12일 저녁에 떠났다.

다음 표에서 볼 수 있듯이, 하루 뿐만 아니라, 하루의 부분도 전치사 on과 같이 쓰일 수 있다.

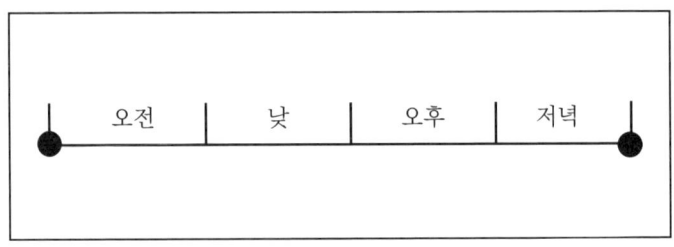

특정한 날의 부분

4.1. 시간 on 시간

공간관계를 나타내는 on은 다음과 같이 시간관계를 나타내는 데 쓰인다. 다음 표현을 보자. 다음에서 on은 날과 날, 달과 달이 닿아 있다는 뜻이고, 이것은 날이나 달이 이어진다는 뜻이다.

(1) a. day **on** day
   나날이

   b. month **on** month
   다달이

   c. days **on** end
   며칠 계속해서

다음 표현에서 on은 정해진 시간이나 예정에 닿아 있음을 나타낸다.

(2) a. The food is delivered **on** the dot.
   그 음식은 정시에 배달되었다.

   b. He finished the report **on** time.

그는 그 보고서를 정시에 마쳤다.

c. The project is **on** schedule.
그 기획사업은 예정대로 진행되고 있다.

d. It is 8 o'clock **on** the clock.
그 시계로는 8시이다.

e. The news go out every hour **on** the hour.
그 뉴스는 매시 정각에 나간다.

4.2. 과정 on 과정

다음에서 전치사 on은 두 과정이 닿아있음을 나타낸다. 구체적으로 다음 a문장에서 추락과 이륙이 시간상 닿아 있음을 on이 나타낸다. 이것은 두 과정이 동시에 일어남을 나타낸다.

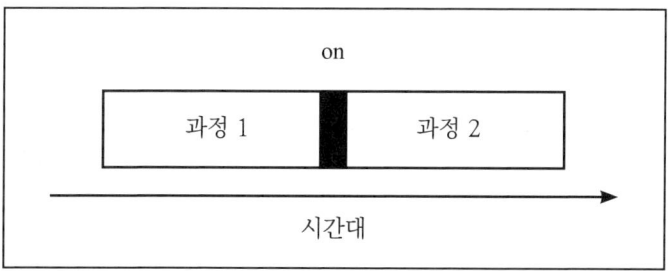

X on Y: 두 과정이 시간상 닿아있는 관계

(1) a. The plane crashed **on take-off**.
그 비행기는 이륙하자마자 추락했다.

b. **On take-off**, the plane crashed.
이륙 때, 그 비행기는 추락했다.

위 a문장에서 추락과 이륙이 닿아있고, 이륙이 기준이 되므로 이륙하자마자 추락이 일어났다는 뜻이다. 위 b문장에서는 전치사구가 문장 앞에 쓰였다. 실제 이 구조가 a문장보다 더 자주 쓰인다.

그 이유는 무엇일까? 추락과 이륙이 닿아 있지만, 엄밀하게 따지면, 이륙이 있은 후 추락이 일어난다. 이 **사건 순서**를 반영하기 위해서는 on take-off가 먼저 쓰인다. 즉, **표현 순서**는 사건 순서를 반영하는 경향이 있기 때문이다.

(2) 구조 순서: X **on** Y
    사건 순서: **on** Y, X

다음 예문에서 전치사구는 문장 앞에 있다.

(3) a. **On** landing, the plane crashed.
    착륙하자마자 그 비행기는 추락했다.

  b. **On** the positive news, he remined silent.
    그 좋은 뉴스에도, 그는 말이 없었다.

  c. **Upon** release, the album was hit.
    출시와 동시에 그 앨범은 대성공이었다.

  d. **Upon** a closer examination, there is a coffee stain **on** your skirt.
    좀 더 세밀하게 살펴보니, 너의 스커트에 커피 얼룩이 있다.

다음 경우는 순서가 크게 문제가 되지 않는 경우이다. 그래서 어순의 변화가 없다.

(4) a. He died **on** her watch.
   그는 그녀가 보는 가운데 돌아가셨다.

   b. He got nervous **on** date.
   그는 데이트 할 때 초조해진다.

   c. He was dead **on** arrival.
   그는 도착 즉시 죽었다.

   d. The tea is available **on** demand.
   그 차는 요구가 있으면 마실 수 있다.

   e. I recognized her **on** sight.
   나는 그녀를 보자마자 알아 볼 수 있었다.

5. 전치사 on과 형용사

전치사 on은 형용사와도 쓰인다. 이 때 전치사 on은 동사와 마찬가지로 크게 세 가지로 분류될 수 있다. 첫째, 관계를 나타내는 형용사, 둘째는 의존 관계를 나타내는 형용사, 셋째는 영향관계를 나타내는 형용사이다. 이들을 차례대로 살펴보겠다.

5.1. 관계 형용사

다음에 쓰인 on은 형용사와 목적어(Y) 사이의 관계를 나타낸다. 다음 a문장에서 long이나 strong은 on의 목적어와 관련시킬 때 장점이 된다는 뜻이다.

(1) a. He is long/strong **on** math.
   그는 수학에 강하다.

b. He is weak **on** sports.
그는 스포츠에 약하다.

c. Shopping online is light **on** my wallet.
온라인 쇼핑은 내 지갑에 부담을 가볍게 한다.

d. The child is high **on** sugar.
그 아이는 사탕에 열광한다.

e. We are running low **on** gas.
우리 차의 휘발유 양이 적어지고 있어.

f. The president is silent **on** the issue.
그 대통령은 그 쟁점에 대해 침묵하고 있다.

g. Monkeys are keen **on** fruits.
원숭이들은 과일을 매우 좋아한다.

h. He is hot **on** baseball.
그는 야구에 큰 관심을 갖는다.

i. He is right/ wrong **on** the point.
그는 그 점에 옳다/ 그르다.

5.2. 영향 형용사

다음에서 형용사는 영향을 주고 전치사 on의 목적어는 영향을 받는 개체이다. 다음 a문장은 심한 태도를 아이에게 갖지 말라는 뜻이다.

(1) a. Don't be too hard **on** the child.
그 아이에게 너무 심하게 하지 마세요.

b. Please take it easy **on** him.
제발 그를 편안하게 해주세요.

c. The food is heavy/ light **on** my stomach.
      그 음식은 내 위에 부담을 준다/ 부담을 주지 않는다.

다음 형용사들이 이 구조로 쓰인다.

   (2) hard 불친절하고 딱딱한
       harsh 엄격하고 비판적인
       severe 행동규정을 엄격하게 요구하는
       strict 규칙 준수를 엄격하게 요구하는
       tough 거칠고 엄격하게 다루는

5.3. 의존 형용사

다음에서 주어는 전치사 on의 목적어에 의존한다.

   (1) a. Our success is contingent **on** his cooperation.
          우리의 성공은 그의 후원 여부에 달려 있다.

       b. His support is conditional **on** their attitude.
          그의 지지는 그들의 태도에 따라 결정된다.

       c. At the age of 40, the son is still dependent **on** his parents for living expenses.
          나이 40세에, 그 아들은 아직도 생활비를 부모에 의존한다.

       d. He is too reliant **on** his mother for financial support.
          그는 재정 지원을 받기 위해 어머니께 너무 의존하고 있다.

5.4. 전치사구

on the top of Y vs **on** Ø top of Y

위 두 표현은 정관사가 있고 없음에 차이가 난다. 형태가 다른 만큼 그 의미도 다르다. 먼저 다음 두 표현을 살펴 보자.

(1) a. a tower **on** the top of the hill
그 산 정상 위에 (닿아) 있는 하나의 탑

b. a tower **on** top of the hill
그 산의 윗부분에 있는 하나의 탑

on the top of the hill은 산의 윗면을 가리키고, on top of the hill 은 산의 윗부분을 가리킨다. 이 두 표현을 다음과 이 도식화할 수 있다. 다음 두 표현도 비교하여 보자.

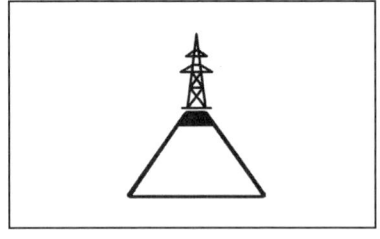 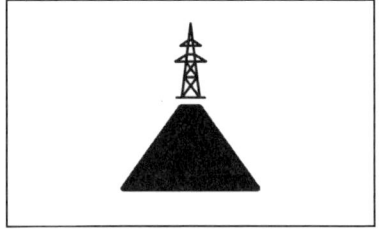

a. on the top of: 산 꼭대기   b. on top of: 산의 윗부분

(1) a. She put the tray **on** the top of the fridge.
그녀는 그 쟁반을 냉장고 윗면에 닿게 놓았다.

b. She put the tray **on** top of the fridge.
그녀는 그 쟁반을 그 냉장고 윗 부분에 놓았다.

다음 예문을 더 살펴보자.

(2) a. He put **on** a coat **on** top of the vest.
  그는 그 조끼 위에 코트를 입었다.

  b. Books were piled one **on** top of another.
  책들은 한 책이 다른 책 위에 쌓여 있다.

  c. **On** top of all these problems, my desktop went dead.
  이들 모든 문제들 위에 (즉, 이 문제에 더해서) 내 컴퓨터가 죽어버렸다.

  d. I will be **on** top of my work in a week or so.
  나는 일주일 정도면 내 일 위에 있을 것이다. 즉, 내 일을 파악하게 될 것이다.

  e. The government soon got **on** top of the situation.
  정부는 곧 그 상황 위에 있게 되었다. 즉, 상황을 통제하게 되었다.

6. 부사 용법

6.1. Y의 생략

전치사 X on Y에서 Y가 쓰이지 않으면 on은 부사가 된다. 이것을 도식으로 나타내면 다음과 같다.

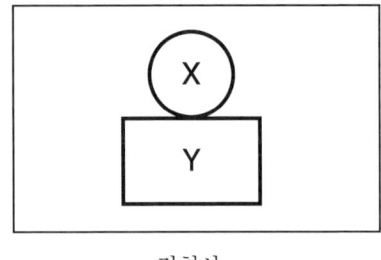 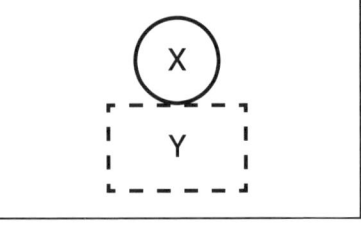

a. 전치사 on 　　　　　　　b. 부사 on

위 도식 b에서 Y는 점선으로 표시되어 있다. 이것은 Y가 없는 것이 아니라, 표현이 되지 않았을 뿐 그 존재가 잠재되어 있음을 나타낸다. 그러면 어떠한 경우 on은 부사로 쓰이는가? 문맥, 화맥, 세상지식으로부터 Y가 무엇인지 청자가 예측할 수 있다고 화자가 생각할 때 Y가 쓰이지 않는다.

6.1.1. 문맥에 의한 생략

다음 예를 살펴 보자.

(1) The bus arrived and we got **on** (*the bus).
그 버스가 도착해서 우리는 (*그 버스를) 탔다.

위 문장의 앞부분에서 버스가 언급되어 있으므로, get on만 써도 on의 목적어가 bus임을 알 수 있다. 이러한 경우 on은 부사로 쓰인다.

6.1.2. 화맥에 의한 생략

다음 상황을 생각해보자. 어느 버스 정류장에서 두 사람이 버스를 기다리고 있는데, 버스가 오는 것을 두 사람 모두가 보았다. 이런 경우 버스를 언급할 필요가 없다. 즉, let's get on이라 하면 무엇을 타는지 알 수 있기 때문에 let's get on the bus라고 할 필요가 없다.

(1) Let's get **on** (*the bus).

6.1.3. 세상 지식에 의한 생략

우리말에는 부위에 따라 여러 가지의 착용동사가 쓰인다(모자를 쓰다, 반지를 끼다, 신을 신다, 옷을 입다 등). 이 중 몇 가지의 쓰임을 한 번 살펴보자.

(1) a. 그는 모자를 썼다.
    b. 그는 모자를 머리에 썼다.

많은 경우 위 b문장에서 '머리에'는 꼭 필요한 표현이 아니다. 모자를 머리에 쓰지, 다른 부위에 쓰는 것이 아니기 때문이다. 그래서 위 b문장에서 '머리에'는 필요한 정보가 될 수 없고, 표현되지 않는다. 그러나, 다음과 같이 특수한 경우에는 '머리'가 표현되어야 한다.

(2) 그는 조그만 모자를 큰 머리에 썼다.

다음 영어 문장을 살펴보자. 영어에서도 모자를 머리에 쓰는 것이므로 특별한 경우가 아니면 '머리가' 안 쓰인다.

(3) He put a hat **on** _____.

위 문장에서 on의 목적어는 쓰이지 않았다. 우리말에서와 마찬가지로 모자는 머리에 쓰므로, 머리를 일부러 언급할 필요는 없다. 한편, 우리말과 마찬가지로 '머리'를 언급한 경우도 있다.

(4) He put a **tiny** hat **on** his **huge** head.

다음 put on에서 on이 왜 쓰이는 지를 살펴보자. 모자를 쓰면 모자는 머리에 닿고, 장갑을 끼면 장갑은 손에 닿는다. on은 앞서 말한 바와 같이 이러한 접촉의 의미를 나타낸다. 부사 on도 이러한 접촉의 의미를 나타낸다. 그러므로 put on은 옷을 몸에 닿게 하여 놓는 과정이다.

동사 put 외에 다음 동사도 착용과정을 나타낸다.

(5) a. He pulled his pants **on**.
그는 바지를 끌어당겨 입었다.

b. He threw his coat **on**.
그는 그의 코트를 던지듯 걸쳐 입었다.

옷이나 신발뿐만 아니라 화장이나 몸무게도 주어에 닿게 된다.

(6) a. She put **on** her make-up.
그녀는 화장을 했다.

b. He put **on** 3 kilograms.
그는 몸무게가 3킬로그램이 늘었다.

다음 문장에는 동사 take가 쓰였다. 아래 a문장은 많은 일이 주어 자신에게 주어진다는 뜻이다. 즉, 짊어지게 한다는 뜻이다.

(7) a. He doesn't take **on** too much work.

　　 그는 너무 많은 일을 맡지 않았다. (위에서 많은 일이 가 닿는 주어 자신이다.)

b. The company took **on** 50 new staff.

　　 그 회사는 50명의 새 직원을 채용했다.

c. The ship took **on** a cargo at the port.

　　 그 배는 그 항구에서 짐을 실었다.

위에 쓰인 부사 **on**의 암시된 목적어는 주어의 신체 부위이다. 이것을 다음과 같이 도식화 할 수 있다.

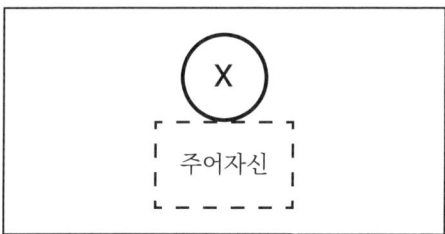

주어는 X를 자신이 떠맡는 관계

6.2. 이음

전치사 on은 이음의 뜻도 갖는다. 먼저 우리말 '잇다'의 쓰임새를 살펴보자.

(1) a. 이 끈을 **이어서** 길게 해라.

b. 그 전통은 대대손손 **이어져오고** 있다.

c. 말을 하다 말고 잠깐 있다가 말을 **이어**나갔다.

d. 토론을 끝내고 **이어서** 점심을 먹었다.

e. 좋은 일이 **잇따라** 일어났다.

위 a문장에서 잇다는 떨어져 있는 두 개체가 맞닿게 되는 관계를 나타내고, 나머지에서 이 뜻은 비유적으로 확대되어 일이나 과정 등이 이어지는 관계를 나타낸다.

다음 표현에 쓰인 on도 **이어짐**의 뜻이 있다. 다음 예를 살펴보자.

(2) I like apples, pears, strawberries and the list goes **on**.
나는 사과, 배, 딸기를 좋아한다. 그리고 이 목록은 계속 이어진다.

on은 앞에서 말한 사과, 배, 바나나 등에 속하는 과일이 계속 이어짐을 나타낸다.

6.3. 동사와 부사 on

부사 on은 과정이 이어지는 관계를 나타내고, 이어짐은 다음과 같이 크게 두 가지로 나누어볼 수 있다. 첫째, 어느 과정이 계속되다 일시 중단된 다음에 다시 움직임이 계속되는 것이 한 경우이다. 둘째, 어떤 시점에서 중단이 있을 것으로 예상되나 쉽없이 이어지는 경우이다. 위의 두 가지 중 어느 경우이든 이어짐의 뜻이 담겨 있다.

다음 왼쪽 도식a에서 움직임이 끊어졌다 다시 이어진다. 오른쪽 그림b에서는 움직임이 어느 지점에서 중단되어야 하나 중단되지 않고 다시 이어진다.

먼저, 중단이 된 다음 과정이 이어지는 관계를 살펴보자(아래 그림

참조).

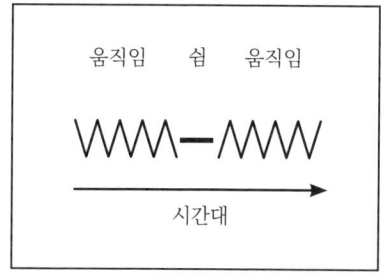

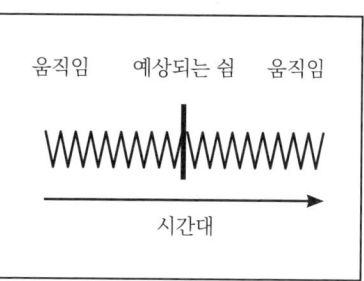

a. 중단된 다음 다시 이어짐   b. 쉼없이 다시 이어짐

(1) The soldiers stopped a while and moved **on**.
그 병사들은 잠깐 쉬었다가 이어서 이동했다.

이 문장에서 군인들이 어느 지점까지 행군을 하고 얼마간 쉰 다음 이어서 행군함을 on이 나타낸다.

다음에서 쉼이 있은 다음 이어지는 관계를 몇 개 더 살펴보자.

(1) a. At this sound of the siren, I woke up and checked the time. And then he slept **on**.
그 사이렌 소리에 나는 깨어서 시간을 확인했다. 그리고 나는 이어서 잤다.

b. He went to Ulsan and then went **on** to Busan.
그는 울산에 갔고, 이어서 부산에 갔다.

다음 예를 더 살펴보자. 다음 문장에서 아이들이 먼저 강에 가고 이어서 잇따라 내가 감을 on이 나타낸다.

(1) a. Take the kids to the beach now and I will follow **on**.
그 아이들을 바다로 지금 데리고 가면 내가 이어서 잇따라 가겠다.

b. The decision followed **on** from our discussion.
그 결정은 우리의 토론에 잇따라 나왔다.

둘째, 과정이 쉼이 예상되지만 끊이지 않고 계속 이어지는 경우에도 on이 쓰인다.

다음은 중간이 없이 과정이 이어지는 경우이다. 다음 예를 살펴 보자.

(1) a. The show must go **on**.
그 쇼는 계속되어야 한다.

위 문장은 어느 쇼가 진행되는 동안 어느 배우가 비보를 받았다고 가정하자. 이 때 쇼가 중단되어야 하지만, 그럼에도 불구하고 쇼가 그대로 진행되는 경우이다.

부사 on이 나타내는 '계속'의 뜻을 자동사와 타동사로 나누어 살펴 보자.

6.4. 자동사

아래 문장에서 부사 on은 유전자가 아버지 세대에서 자손으로 쉼 없이 이어진다는 뜻이다. 그 아래 문장도 on은 쉼 없는 이어짐을 나타낸다.

(1) a. The legacy lives **on** through generations.
   그 유산은 세대를 통해 이어서 살아간다.

   b. The war dragged **on** year after year.
   그 전쟁이 한 해 한 해 계속되었다.

   c. The meeting wore **on** for weeks.
   그 회의가 몇 주 동안 지루하게 계속 되었다.

   d. There was fight going **on**, but he just looked **on**.
   싸움이 진행되고 있었으나 그는 보기만 하고 있었다.

6.5. 동사 on to

관련된 여러 가지 일이 있을 때 한가지 일을 하고 다음으로 이어갈 때에 on to가 쓰인다. 다음 그림은 교통방송을 하는 경우 하나의 도로 상황을 말하고 이어서 다른 도로로 넘어갈 때 관계를 나타낸다.

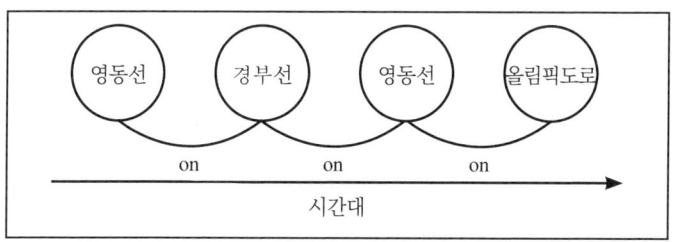

다시 다음으로 넘어가는 관계

(1) a. Now let us move **on to** Olympic Expressway.
   이제 (앞 뉴스에) 이어서 올림픽 고속도로를 살펴봅시다.

   b. After that, we moved **on to** the next stage.
   그 후에 우리는 다음 단계로 이어갔다.

c. Let's move **on to** chapter 2.

이어서 2장으로 넘어갑시다.

경우에 따라서는 go나 move와 같은 동사가 없이 on to 만이 다음과 같이 쓰일 수 있다.

(1) a. **On to** page 45.

이어서 45쪽으로 넘어갑시다.

b. **On to** question 2.

이어서 2번 문제로 넘어갑시다.

c. **On to** review 2.

이어서 2번 복습으로 넘어갑시다.

d. **On to** round 3.

이어서 3경기로 넘어갑시다.

on to 다음에 명사뿐만 아니라 동사의 원형이 올 수 있다. 아래 문장에 쓰인 on은 위 문장 앞에 경기가 있었고, 그 경기에서 승자가 되고, 이 경기에 **이어서**(on) 선수권 경기가 있음을 나타낸다. 다음 문장에 쓰인 on 다음에 오는 to는 전치사가 아니라 부정사(infinitive)의 표시이다.

(1) a. The winners went **on** to compete for the championship.

그 승자들은 **이어서** 그 선수권을 위한 경쟁을 하게 된다.

b. The article went **on** to claim that plastic is also

harmful.

그 논문은 **이어서** 플라스틱도 유해하다는 것을 주장했다.

위 문장에 on이 쓰인 것은 주어진 기사의 앞부분에 어떤 주장이 있었고, 이에 이어서 다른 주장이 있음을 나타낸다.

 c. After the university, he went **on** to work for a big bank.
  대학 졸업 후, 그는 이어서 큰 은행에서 일을 했다.

위 문장에 쓰인 on은 대학 졸업 후 이어서(on) 은행에서 일을 하는 관계를 나타낸다.

 d. An embryo split into two and went **on** to create your body.
  배아 하나가 두 개로 갈라지고 이어서 여러분의 몸을 만든다.

위 문장에 쓰인 on은 배아가 분리된 후 이어서 몸을 생성하는 관계를 나타낸다.

6.6. stick (on) to

'매달리다'나 '붙다'의 뜻을 갖는 동사는 다음과 같이 on이 쓰일 수 있다. on이 더해지면 계속의 뜻이 더해진다.

 (1) a. The old couple sticks to Korean culture.
   그 노부부는 한국 문화를 고수한다.
  b. The old couple living abroad, they stick **on to**

Korean culture.

그 노부부는 해외에서 살지만 계속해서 한국 문화를 고수한다.

(2) a. He clings to the old coat.

그는 그 낡은 코트를 버리지 않는다.

b. He clings **on** to the coat.

그는 그 낡은 코트를 계속 버리지 않는다.

(3) a. He holds to the paper dictionary.

그는 종이사전을 쓴다.

b. He holds **on** to the paper dictionary.

그는 계속해서 종이사전을 쓴다.

6.7. 타동사

다음에서 부사 on이 타동사와 쓰이는 예를 살펴 보겠다. 다음 두 문장을 비교해 보자. 아래 a문장에서는 on이 안 쓰이고 b문장에서는 on이 쓰였다.

(1) a. Henry sent the email **to** Tom.

헨리는 그 전자우편을 톰에게 전했다.

b. Henry sent the email **on to** Tom.

헨리는 그 전자우편을 이어서 톰에게 전했다.

부사 on은 a문장에는 안 쓰이고 b문장에서는 쓰였다. 작은 낱말이지만 이것은 의미상의 큰 차이를 가져온다. a문장은 전자우편이 헨리에게서 톰에게 가는 과정을 나타낸다. 그러나 b문장은 헨리가 전자우편을 다른 사람에게서 받고 그것을 **이어서** 톰에게 전하는 뜻이다. 다음 그림을 살펴보자.

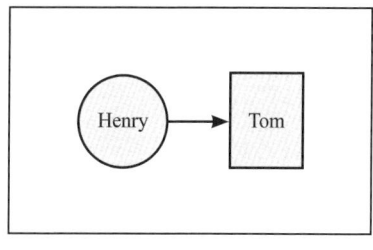

a. to: 전자우편을 직접
넘기는 관계

b. **on**to: 헨리가 X를 받아서 다시
넘기는 관계

왼쪽 도식은 a문장을, 즉 전자우편이 헨리에게서 톰에게 넘어감을 나타낸다. 오른쪽 도식은 b문장의 관계를 나타낸다. 즉 헨리가 어떤 사람에게 편지를 받고 **이어서** 톰에게 전달하는 과정이다.

다음 문장에서도 마찬가지로 on은 이어짐을 나타낸다.

(1) a. Tom sold the laptop to John, and John sold it **on** to Bill.
톰은 그 노트북을 존에게 팔았고, 존은 이어서 그것을 빌에게 팔았다.

b. After his father died, the son carried **on** his business.
그의 아버지가 돌아가신 후, 아들이 그 아버지의 사업을 이어갔다.

계속을 나타내는 on은 기간이 명시될 수 있다.

(2) a. 30 years **on**, I have been studying Korean history.

AT, IT, ON의 분석 - ON   227

30년 동안, 나는 한국 역사를 계속 공부해 오고 있다.
- b. Five hours **on**, I have been driving.
  다섯 시간 동안, 나는 운전을 계속 해오고 있다.
- c. Two days **on**, she has been sleeping.
  이틀 동안, 그녀는 계속 자고 있다.

6.8. 시점이나 지점과 on

다음 a문장에서 그의 건강 돌봄이 그 때부터 이어지는 의미이다.

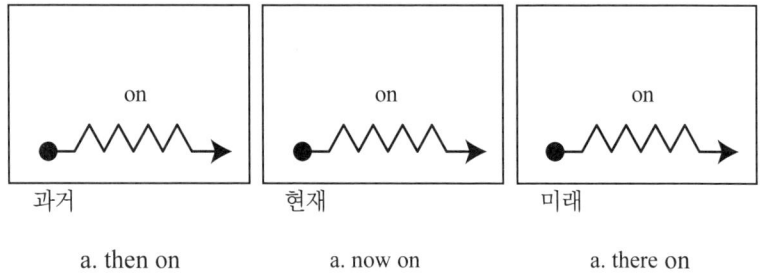

a. then on   a. now on   a. there on

(1) a. From then **on**, he took a great care of his health.
   그 때부터 그는 **계속**해서 건강을 많이 돌보았다.
- b. From now **on**, I will stay off fatty food.
   지금부터는 기름진 음식을 **계속** 멀리 하겠다.

다음에서는 어느 지점에서부터 어떤 상태가 지속됨을 **on**이 나타낸다.

(2) a. From there **on**, the road widens out.
   그곳에서부터 그 길이 계속 넓어진다.

b. From here **on**, the road will be bumpy.
   여기서부터 계속 그 도로는 울퉁불퉁 할 것이다.

c. This will be debated later **on**.
   이것은 다음에 이어서 논의될 것이다.

d. Early **on**, I realized their relationship would not last.
   초기부터 나는 그들의 관계가 지속되지 않을 것이라는 것을 깨달았다.

6.9. on to와 onto

위 두 표현은 비슷하지만 서로 다르다. in to와 into가 다른 것처럼 on to와 onto는 다르다. 먼저 on to부터 살펴보자.

(1) a. He passed the ball to Jake.
       그는 그 공을 제이크에게 넘겼다.

   b. He received a ball from Bill and he passed the ball **on** to Jake.
      그는 빌에게서 공을 받아서 그 공을 제이크에게 넘겼다.

위 a문장은 그가 제이크에게 공을 전했음을 나타내고, b문장은 **on**이 있어서 그 뜻이 다르다. b문장에서 주어는 빌에게서 공을 받아서 이것을 이어서 제이크에게 전했음을 나타낸다. 이것을 도식으로 나타내면 다음과 같다.

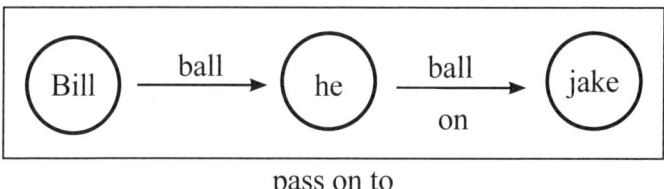

pass on to

그러므로 on to는 과정이 이어짐을 나타낸다. 이와는 달리 onto는 이동체가 **목표에 가서 닿음**을 나타낸다. 다음 문장에 쓰인 onto를 살펴보자.

(1) a. The dish fell off the table **onto** the floor.
　　　그 접시는 그 탁자에서 바닥에 떨어졌다.
　　b. A few passengers fell **onto** the tracks.
　　　몇몇 승객이 그 선로에 떨어졌다.

onto는 접시가 탁자에서 떨어져서 이동을 하여(to) 바닥에 닿는다는 (on) 뜻이다.

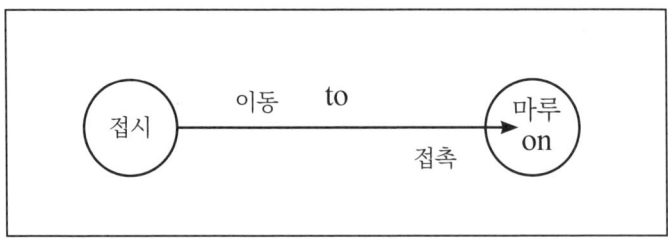

fall onto

6.10. 동사와 over to

한 일이 끝나고 분야가 다른 다음 일로 넘어갈 때는 on대신에 over가 쓰일 수 있다. over가 쓰이면 한 영역에서 다른 영역으로 넘어가는 관계를 그린다.

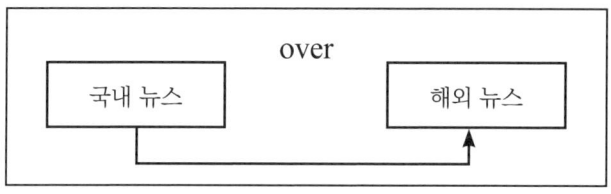

한 영역에서 다음 영역으로 넘어가는 관계

(1) Let's move **over** to Syria.
시리아 뉴스로 넘어갑시다.

뉴스 방송의 경우 국내 방송이 끝나고 해외 뉴스로 넘어갈 때 on 대신 over 가 쓰인다.

6.11. 부추김, 격려

다음에서도 on은 부추기거나 다그치고 또는 격려하여 어떤 목적을 위해서 **계속해서** 일을 하게 하는 관계를 그린다. 이러한 의미에서 부추김도 이음의 한 종류로 볼 수 있다. 다음 예를 살펴 보자.

(1) a. He egged her **on** to a crime.
그는 그녀를 부추겨서 죄를 짓게 했다.

b. He urged his horse **on** with his heels.
그는 자신의 발로 차서 그 말을 계속해서 나아가게 했다.

c. The crowd cheered the runner **on**.
군중들이 그 주자를 격려하여 계속 뛰게 했다.

d. The crowd spurred the players **on** through the race.
그 군중들은 그 선수들을 격려하여 계속해서 그 경주를 끝까지 뛰게 했다.

e. The driver whipped **on** his horse faster and faster.

그 마부가 말을 채찍질하여 계속해서 더 빠르게 뛰어가게 했다.

f. We rooted **on** the runners.
우리는 그 주자들을 응원하며 계속 뛰게 했다.

6.12. 작동상태

다음에서 on은 어떤 기계가 작동하거나 흐름이 이어지거나 계속됨을 나타낸다. 이 관계를 타동사와 자동사로 나누어 살펴 보자.

타동사

다음 a문장에서 on은 촛불이 타고 있는 상태를, b문장에서는 냉방기가 작동하고 있는 상태를 나타낸다.

(1) a. Put **on** the fan.
선풍기를 켜라.

b. Turn **on** the air purifier.
공기청정기를 켜라.

c. Switch **on** the light.
불을 켜라.

자동사

다음에서는 주어가 작동하고 있는 관계를 나타낸다.

(1) a. Power came back **on**.
전기가 다시 들어왔다.

b. The neck pain came **on**.
   그 목의 통증이 시작되었다.

c. He flipped the air conditioner **on**.
   그는 그 냉방기를 탁 켰다.

go on

go와 on으로 이루어진 구동사는 진행, 시작, 계속의 뜻을 나타낸다. 이 구동사는 행사 등이 진행되고 있음을 나타내는 데 쓰인다.

(1) a. The concert is still going **on**.
    그 음악회는 아직도 계속되고 있다.

b. *The concert is still going.

go on이 어떻게 진행을 나타내는가? 이에 대한 대답으로 go와 on의 통합관계를 살펴 보자. 동사 go는 이동체가 장소1을 떠나 장소2로 가는 과정이다. 이 때 장소1은 화자의 위치이다. 한편, 부사 on은 작동상태를 나타낸다. 이 작동상태는 W로 표현된다.

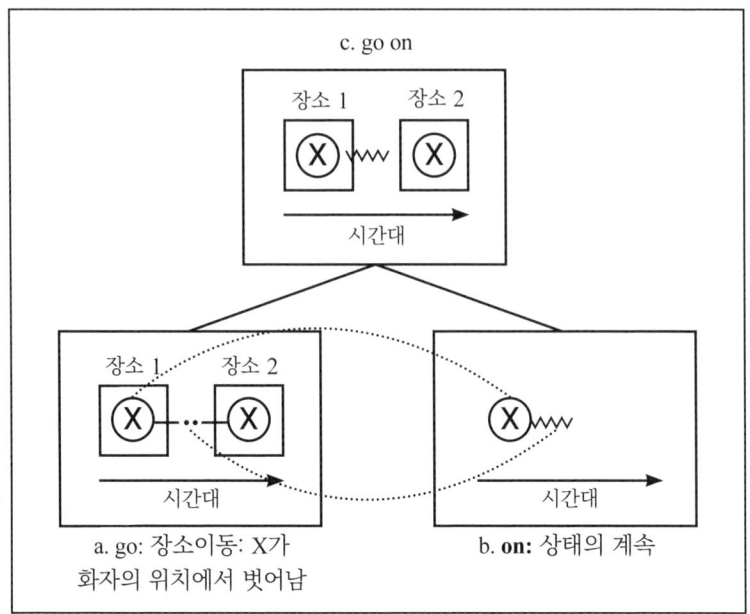

go on: 상태나 상황의 계속

도식a는 go를, 도식b는 진행상태를 나타낸다. 도식a의 X와 도식b의 X가 대응된다. 대응점을 따라 도식 b를 도식 a에 포개면 도식 c, 즉, go on이 된다. 다시 말하면, X가 시간의 흐름이나 과정이 진행 됨을 나타낸다. 다음 예를 살펴 보자.

(1) a. The talk is still going **on**.
그 회담이 아직도 계속되고 있다.
b. The festival is going **on**.
그 축제가 아직도 진행되고 있다.
c. The race is still going **on**.
그 경기가 아직도 계속되고 있다.
d. The interview is still going **on**.

그 면담은 아직도 계속되고 있다.

go on은 ongoing의 형태로 명사를 수식한다:

(1) a. **on**going talk
   진행 되고 있는 회담
   b. **on**going festival
   진행 되고 있는 축제
   c. **on**going race
   진행 중인 경주
   d. **on**going interview
   진행 중인 면담

come on

한편 come은 상태나 과정이 시작됨을 나타낸다.

(1) a. My backache comes back **on**.
   내 요통이 다시 시작되었다.
   b. The heating comes **on** at 7 automatically.
   그 난방은 7시에 자동적으로 시작된다.

come이 어떻게 과정이나 상태의 시작을 나타내는지 살펴보자. 동사 come은 이동체가 장소1을 떠나 장소 2로 움직이는 과정이다. 이 때 장소2는 화자가 있는 위치이다. 부사 on은 작동상태를 나타낸다. 이것을 도식화하면 다음과 같다. 다음 도식a는 come의 도식이다. 이동체는 출발지에서 화자의 위치에서 끝난다. 도식b는 on의 도식이다. 곡선은 작동상태를 나타낸다. 도식a와 b의 X들과 도식a의 이동선과 도식b의 곡선이 대응된다. 대응점을 따라 도식b를 도식a에 포개면 도식c가 나온다.

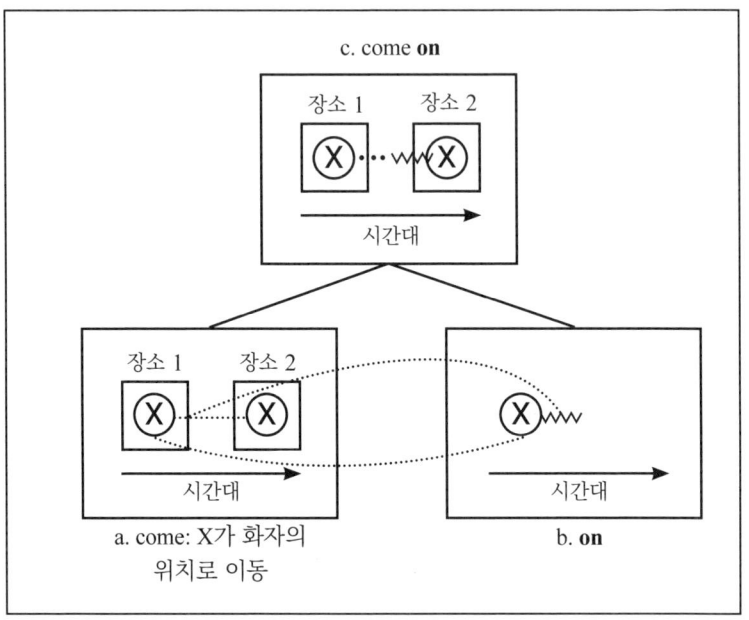

be on

부사 on은 전기나 물이 흐르고, TV나 라디오가 켜져 있고, 회담 등이 진행되고 있는 상태를 나타낸다.

(1) a. The water is **on**.
   그 물은 흐르고 있다.
   b. The radio is **on**.
   그 라디오가 켜져 있다.

c. The pressur is **on**.
그 압력이 가해지고 있다.

d. The negotiation is going **on**.
그 회담은 진행되고 있다.

위 문장에 쓰인 on은 be 동사와 같이 쓰이는 장소 상태와 비교하여 볼 수 있다. 다음 세 문장을 비교하여 보자.

(1) a. The radio is here.
그 라디오가 여기에 있다.

b. The radio is useful.
그 라디오는 유용하다.

c. The radio is **on**.
라디오가 켜져 있다.

위 a문장은 be동사로써 존재를 나타내는데, 이것은 다음과 같이 도식화할 수 있다.

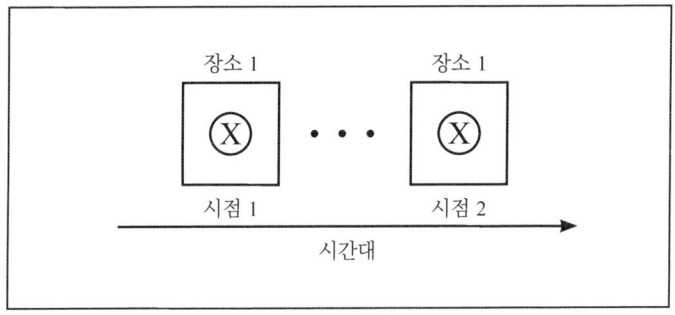

도식: 동사 be

X는 시점1에서 장소1에 있고, 다른 시점2에서도 같은 장소에 있다. 위 도식의 '장소' 대신에 형용사를 대입하면, X가 시점1에서 어떤 상태

에 있고, 시점2에서도 같은 상태에 있다. on의 경우에도 마찬가지다. 장소 자리에 on을 넣으면 다음과 같이 된다.

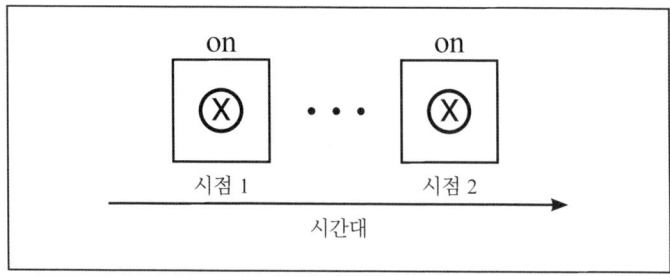

도식: be on: 움직임 상태가 존재

개체 X가 시점1에서 작동상태에 있고, 시점2에서도 작동상태에 있다. 이렇게 보면 on은 here나 useful과 같은 기능을 함을 알 수 있다.

다음 세 문장을 살펴 보자. 세 문장 모두 부사 on이 쓰였다.

(1) a. He turned the fan **on**.
그는 그 선풍기를 켰다.

b. He kept the fan **on**.
그는 그 선풍기를 켜 놓았다.

c. The fan is **on**.
그 선풍기가 켜져 있다.

위 a문장에서 turn on은 비작동 상태에서 작동 상태로 들어가고 b문장에서 keep on은 선풍기를 켜진 상태로 유지시키고, c문장에서는 선풍기가 켜져있는 상태를 묘사한다.

다음에서 동사 put이 쓰인 a문장은 입는 과정을 그리고, 동사 have가 쓰인 b문장은 입고 있는 결과를 그린다.

(1) a. He put **on** his shirt.

　　　그는 그의 셔츠를 입었다.

　b. He had his shirt **on**.

　　　그는 그의 셔츠를 입고 있었다.

7. 부사 on과 다른 전치사

부사 on은 비접촉 상태에서 접촉 상태로 움직임을 나타내므로 출발지와 도착지가 전치사 from과 to로 각각 표현된다. 이것을 도식화하면 다음과 같다.

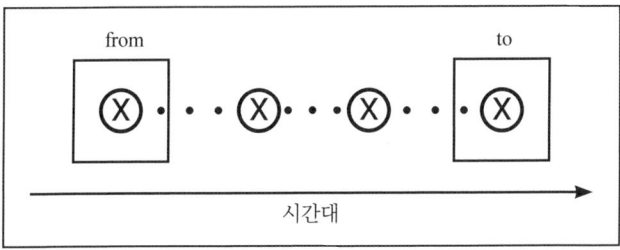

7.1. 출발지: on from

부사 on은 움직임이 시작됨을 나타내고, from은 이 지점을 나타낸다.

(1) a. They went **on from** Suwon.

　　　그들은 수원에서 계속 나아갔다.

　b. They moved **on from** the terrible crisis.

　　　그들은 그 끔찍한 위기에서부터 계속 나아갔다.

c. We moved **on from** Mokpo.
   우리는 목포에서부터 이어서 갔다.

d. The debate follows **on from** the previous one.
   그 토의가 이전의 논의로부터 이어간다.

e. The tradition lives **on from** generation to generations.
   그 전통이 한 세대에서 다음 세대로 이어져 유지된다.

7.2. 도착지: onto

onto는 이동체가 움직여서(to) 어떤 물체에 가 닿는(on) 관계를 나타낸다.

 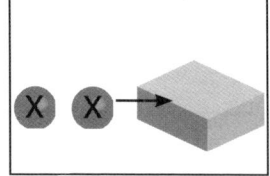 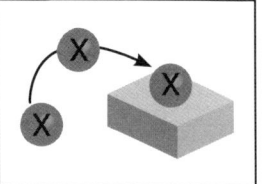

on the treadmill　　　to the treadmill　　　onto the treadmill

다음 세 문장을 비교해보자.

(1) a. He is jumping up and down **on** the stage.
    그는 그 무대 위에서 뛰어 올랐다 내렸다 했다.

b. He ran **to** the stage.
   그는 그 무대로 뛰어 갔다.

c. He ran **onto** the stage.
   그는 그 무대에 뛰어가서 올라갔다.

위 a문장에서는 on이 쓰여서 주어가 무대 위에서 뛰는 관계를 나타내고, b문장에서는 to가 쓰여서 주어가 무대로 뛰어가는 관계를, 그리고 c문장에서는 onto가 쓰여서 주어가 무대로 뛰어가서 그 위로 올라가는 관계를 나타낸다. 다음 문장도 비교해 보자.

 (1) a. The police shot a tracker **to** a runaway car.
   그 경찰이 추적 장치를 그 도주 차량에 대고 쐈다.
  b. The police shot a tracker **onto** a car.
   그 경찰이 추적 장치를 그 차에 쏘아서 가 붙게 했다.

위 a문장에서는 to만 쓰였고, b문장에서는 **onto**가 쓰였다. 즉 to는 도착지만 가리키고, **onto**는 도착지의 표면에 가 닿는 관계를 나타낸다.
 다음 몇 개의 예들을 자동사와 타동사로 나누어 살펴 보자.

자동사

 (1) a. Some passengers fell **onto** the tracks from the platform.
   몇몇 승객들이 그 승강장에서 선로 위에 떨어졌다.
  b. The leopard leaped **onto** the back of a buffalo.
   그 표범이 그 물소의 등에 뛰어 올라가 탔다.
  c. The refugees got **onto** the boat.
   피난민들이 그 배에 가서 탔다.

타동사

(1) a. He loaded the boxes **onto** the truck.
   그는 그 상자들을 그 트럭에 옮겨 다 실었다.

b. Her eyes are glued **onto** the TV.
   그녀의 눈은 TV에 붙어 있었다.

c. Bring your head **onto** your knees.
   당신의 머리를 무릎에 가져다 대세요.

d. Spread butter **onto** your bread.
   버터를 그 빵에 가져다 바르세요.

e. The cub followed mom **onto** the savanna.
   그 새끼는 어미를 따라서 사바나에 들어섰다.

f. Focus your attention **onto** what is before you.
   당신의 주의를 자신 앞에 놓인 것에 집중하세요.

영어전치사
AT, IN, ON

04

AT, IT, ON의 대조 및 비교

영어전치사
AT, IN, ON

04
AT, IN, ON의 대조 및 비교

• • • • •

다음에서 같은 명사가 전치사 at, in, 그리고 on과 쓰이는 예를 살펴보겠다. 이것은 한 명사의 관점에 따라 점, 영역 그리고 접촉면으로 풀이 될 수 있음을 의미한다. X at Y에서 X는 점과 같은 Y에 있고, X in Y에서 X는 Y의 범위 안에 있고, X on Y에서 X는 Y에 닿아있다. 이것을 도식화하면 다음과 같다.

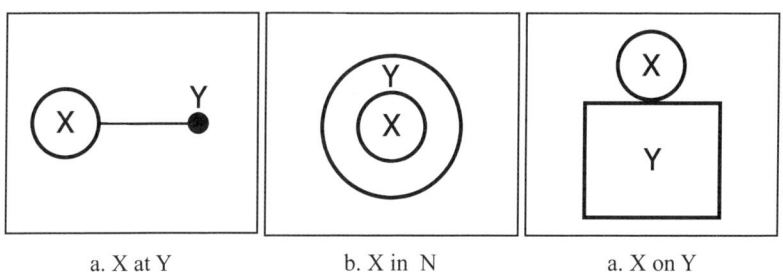

a. X at Y   b. X in N   a. X on Y

다음에서는 한 명사가 이 세 전치사와 어떻게 쓰이는지 살펴 보자. 한 명사가 세 개의 전치사와 쓰인다는 것은 명사를 가리키는 지시물을 우리가 어떻게 보느냐에 따라 달라진다.

1. BASE

(1) a. He cut the tree at the base.
   그는 그 나무를 밑둥에서 잘랐다.

   b. The family hid in the base during the bombing.
   그 가족은 그 폭격이 계속되는 동안 그 지하에 숨었다.

   c. He lives on the military base.
   그는 그 군사기지에 산다.

2. BORDER

(2) a. He stopped/arrived at the border.
   그는 그 국경에 멈추었다/도착했다.

   b. China put the troops in the border.
   중국은 군대를 국경지역에 투입했다.

   c. He lives on a farm on the border of North Korea and Manchuria.
   그는 북한과 만주 사이의 국경에 있는 농장에서 산다.

3. BOTTOM

(3) a. The village is at the bottom of the hill.
   그 마을은 그 산 밑자락에 있다.

   b. I found the smartphone in the bottom of my bag.
   나는 그 스마트폰을 내 자루 밑바닥에서 찾았다.

   c. The label is on the bottom of the box.
   그 라벨은 그 상자 밑바닥에 붙어 있다.

4. CORNER

(4) a. There is a sign at the corner.
   간판 하나가 그 모퉁이에 있다.

   b. Mom put the child in the corner of the room.
   엄마가 그 아이를 그 방의 구석에 내려 놓았다.

   c. There is a grocery store on the corner.
   그 모퉁이에 식료품 가게가 있다.

5. COURT

(5) a. He was tried at the International Criminal Court in the Hague.
   그는 헤이그에 있는 국제 청사 재판소에서 재판을 받았다.

   b. She appeared in court with her lawyer.
   그녀는 변호사와 함께 법정에 나타났다.

   c. The game was played on the clay court.
   그 게임은 그 클레이 정구장에서 치러졌다.

6. EDGE

(6) a. A stork is standing at the edge of the lake.
   황새 한 마리가 그 호수의 가장자리에 서 있다.

   b. There are some chestnut trees in the edge of the mountain.
   그 산의 가장자리에 밤나무들이 몇 그루 있다.

   c. He is sitting on the edge of the bed.
   그는 그 침대의 가장자리에 앉아있다.

7. FACE

(7) a. He sprayed water at the face of the girl.
   그는 그녀의 얼굴에 대고 물을 뿌렸다.

   b. She was hit in the face.
   그녀는 얼굴을 맞았다. (얼굴은 맞은 부위)

   c. She was hit on the face.
   그녀는 얼굴을 맞았다. (얼굴은 충격을 받은 부분)

8. FRONT

(8) a. There are trees at the front of the house.
   그 집 앞에는 나무가 몇 그루 있다.

   b. He sat in the front of the car.
   그는 그 차 앞자리에 앉았다.

   c. The registration is on the front of the car.
   그 등록판이 그 차의 앞에 (붙여져) 있다.

9. GROUND

(9) a. The elevator is at the ground.
   그 승강기는 일층에 있다.

   b. There are holes in the ground.
   그 땅에 구멍들이 있다.

   c. He sat on the ground.
   그는 그 땅 위에 앉았다.

10. HAND

(10) a. He keeps his smart phone at hand.
그는 스마트폰을 손 닿는 곳에, 즉 가까운 곳에 둔다.

b. She had some cash in hand.
그는 수중에 현금이 있다.

c. She has some cash on hand to pay the bill.
그녀는 그 청구서를 갚을 돈을 지니고 있다.

11. HOUR

(11) a. At the early hours, the fire broke out.
아침 이른 시간에 그 화재가 발생했다.

b. In an hour, I should be back.
한 시간 지날 무렵에 나는 돌아올 것이다.

c. The news is every hour on the hour.
뉴스는 매시간 정각에 방송된다.

12. LEVEL

(12) a. The lake is at a low level.
그 호수는 수위가 낮다.

b. The child is in low level.
그 아이는 낮은 수준에 있다.

c. The campaign is carried out on the state level.
그 운동은 주 수준에서 시행되었다.

13. MARGIN

(13) a. It is change not at the margin, but revolution at the core.
그것은 주변의 변화가 아니라 핵심의 혁명이다.

b. Write your comments in the margin of the page.
당신 논평을 그 페이지의 가장자리 여백에 쓰세요.

c. There are some fingerprints on the right margin of the paper.
그 종이의 오른쪽 가장자리에 몇개의 지문이 있다.

14. MIND

(14) a. Stress eats at the mind.
스트레스는 마음을 갉아먹는다.

b. What's in your mind?
무엇이 너의 마음 속에 있느냐?

c. What's on your mind?
무엇이 너의 마음 위에, 즉 마음을 짓누르고 있느냐?

15. PLATFORM

(15) a. The train is at the platform.
그 기차는 그 승강장에 있다.

b. These are some promises in the platform.
이것들이 그 공약에 들어 있는 약속들이다.

c. He campaigned on the platform of reform.
그는 개혁의 그 강령 위에 유세를 했다.

16. SCENE

(16) a. Photographers were at the scene.
사진사들이 그 현장에 있었다.

b. I like the lines in the scene.
나는 그 장면에 있는 대사를 좋아한다.

c. There were many reporters on the scene.
많은 기자들이 현장에 있었다.

17. SIDE

(17) a. He keeps his dog at his side.
그는 그의 개를 옆에 둔다.

b. He was kicked in the side.
그는 옆구리를 차였다.

c. He sleeps on his side.
그는 옆으로 누워서 잔다.

18. SIGHT

(18) a. The baby was frightened at the sight of a snake.
그 아기는 그 뱀을 보고 몹시 놀랐다.

b. An island came in sight.
섬 하나가 시야에 들어왔다.

c. They were ordered to shoot poachers on sight.
그는 밀렵꾼들을 보자마자 쏘라는 명령을 받았다.

19. SITE

(19) a. The headquarters will be built at a site to the north of the city.
그 본부는 그 시의 북쪽 반경에 있는 자리에 지어질 것이다.

  b. The hotel is in a prime site overlooking the bay.
그 호텔은 그 만을 내려볼 수 있는 좋은 자리에 있다.

  c. He was injured on a construction site.
그는 건축 공사장에서 다쳤다.

20. STAGE

(20) a. The program is at an early stage of development.
그 프로그램은 개발의 초기 단계에 있다.

  b. He is in the stage of grief.
그는 슬픔의 단계에 있다.

  c. He went up on the stage.
그는 그 무대에 올라갔다.

21. TIME

(21) a. At that time, he visits his parents in Busan.
그 때, 그는 부산에 계시는 부모님을 방문한다.

  b. He was able to finish the work in time.
그는 그 일을 시간 내에 마칠 수 있었다.

  c. He arrived here on time.
그는 시간에 맞게 도착했다.

22. TOP

(24) a. He is sitting at the top of the stairs.
   그는 그 계단의 꼭대기에 앉아있다.

b. His album is in the top 5.
   그의 앨범은 상위 5위권에 들어있다.

c. The bird sat on the top of the car.
   그 새가 그 차의 꼭대기에 앉았다.

영어전치사
AT, IN, ON

참고문헌

Bolinger, D. (1977). *Meaning and form*. London: Longman.

Boers, Frank. *Spatial Prepositions and Metaphor: A Cognitive Semantic Journey along the Up-down and the Front-back Dimentions.*

Brugman, C. (1981). *Story of over* (MA thesis). University of California, Berkeley.

Cobuild, Collins (1991). *English Guides: 1. Prepositions*. London: HarperCollins Publishers.

Cobuild, Collins (1993). *Phrasal Verbs Workbook*. London: HarperCollins Publishers.

Cobuild, Collins (1994). *English Guides: 5. Reporting*. London: HarperCollins Publishers.

Dancygier, B., & Sweetser, E. (2014). Cambridge textbooks *in linguistics: Figurative language*. New York: Cambridge University Press.

Dirven, R. (1995). The construal of cause : the case of cause prepositions. In Taylor, J. R., & MacLaury, R. E. (Eds.), *Language and the cognitive construal of the world* (pp. 95-108). Berlin: Walter de Gruyter.

Dirven, R., & Putseys, Y. (Eds.). (1989). *A user's grammar of English : word, sentence, text, interaction*. Frankfurt: Peter Lang.

Dixon, R. M. W. (1992). *A new approach to English grammar*. London: Oxford University Press.

Fraser, Bruce (1976). *The verb particle combination in English*. New York: Academic Press.

Givon, T. (1993). *English grammar: A function-based introduction*. Amsterdam: John Benjamins.

Gray, P. (2014). *Phrasal Verb Fun: Learn phrasal verbs easily, naturally and faster than ever before*. San Bernardino, CA.

Haiman, John (1980). Dictionaries and encyclopedias. Lingua. 50 : 329-357.

Hart, C. W. (2017). *The Ultimate Phrasal Verb Book*. Hauppauge, NY: Barron's Educational Series, Inc.

Hill, L. A. (1968). *Prepositions and adverbial particles: an interim classification, semantic, structural and graded*. London: Oxford University Press.

Jespersen, O. (1933). Essentials of English Grammar. London: George and Unwin, Ltd.

Jespersen, O. (1940). *A modern English grammar on historical principles*. Part V. London: George and Unwin, Ltd.

Joshi, M. (2014). *Dictionary of phrasal verbs: Vocabulary building (English)*. CreateSpace Independent Publishing Platform.

Kennedy, Arthur G. (1920). The modern English verb-adverb combination. (Stanford Publications in Language and Literature. Vol. 1. No. 1.) Stanford: Stanford University Press.

King, Kevin (1999). *The Big Picture: Idioms as Metaphors*. Heinle Cengage Learning.

Kirkpatrick, B. (2007). 「구동사 600개 내 언어가 쉬워진다」. 서울: 뉴런.

Lakoff, G. (1980). *Metaphors we live by. Chicago*: University of Chicago Press.

Lakoff, G. (1987). *Women, fire and dangerous things*. Chicago: University of Chicago Press.

Langacker, R. W. (1990). *Concept, image and symbol: the cognitive basis of grammar*. Berlin: Mouton de Gruyter.

Langacker, R. W. (2009). *Investigations in Cognitive Grammar*. Berlin: Mouton de Gruyter.

Levin, Beth (1993). *English Verb Classes and Alternations: A Preliminary Investigation*. Chicago: The University of Chicago Press.

Linder, Sue (1983). A lexico-semantic analysis of English verb Particle constructions with *out and up*. IULC.

Linder, Sue (1982). What goes up doesn't necessarily come down: the ins and outs of opposites. *CLS*. 18: 305-323.

Lindstromberg, Seth (1998). *English Prepositions Explained*. Amsterdam: John Benjamins Publishing Company.

Live, Anna (1965). The discontinuous verb in English. *Word*. 21 : 428-451.

McCartney, M. & O'Dell, F. (2007). *English Phrasal Verbs in Use: Advanced*. New York: Cambridge University Press.

McTaggart, J. (2016). *The Big Book of Phrasal Verbs*. Columbia, SC.

Melvin, J. (2015). *Phrasal verbs: A unique guide*. CreateSpace Independent Publishing Platform.

Nagy, William (1974). Figurative patterns and redundancy in the lexicon. Ph.D. dissertation, University of California, San Diego.

Palmer, Frank. R. (1965). *A linguistic study of the English verb*. London: Longman.

Platt, John (1991). *Better Ways with Prepositions*. Singapore: Federal Publications Pte Ltd.

Quirk, R., Georffrey L., & Jan S. (1972). *A grammar of contemporary English*. New York: Seminar Press.

Rudzka-Ostyn, Brygida (2003). *Word Power: Phrasal Verbs and Compounds*. Berlin: Mouton de Gruyter.

Sargeant, H. (2003). *What You Need to Know about Phrasal Verbs*. Singapore: Learners Publishing Pte Ltd.

Schibsbye, K. (1970). *A modern English Grammar*. (2nd ed.). London: Oxford University Press.

Seaton, A. & Sargeant, H. (2003). *What You Need to Know about Prepositions*. Singapore: Learners Publishing Pte Ltd.

Silva, G., & Sandra A. T. (1977). On the syntax and semantics of adjectives with 'it' subjects and infinitival complements in English. *Studies in language*, *1*(1), 109-126.

Talmy, Leonard (1977). Rubber-sheet cognition in language. *CLS*. 13 : 612-628.

Walter, E. & Woodford, K. (2011). *Using Phrasal Verbs for Natural English*. London: DELTA Publishing.

Wierzbicka, A. (1988). *The semantics of grammar*. Amsterdam: John Benjamins.

Wood, F. T. (1955). *Verb-adverb combination* : the position of the adverb. English Language Teaching.

강낙중 (2011). 원어민이 밥 먹듯이 쓰는 영어 구동사. 서울: 동양북스.

김상용 (2008). 기본 핵심 구동사로 공략하는 IBT TOEFL 빈출숙어 888. 서울: 제이플러스.

두형호 (2015). Do 빈출 구동사 숙어. 서울: 북이그잼.

문단열 (2015). 문단열의 99초 구동사. 서울: 알에이치코리아.

신기명 (2013). 데일리 실용 구동사 525. 종합출판ENG.

심재경, & Choe, S. (2015). 나도 영어 잘하고 싶다. 2: 구동사(동사+전치사)편. 서울: 두앤비컨텐츠.

우공이산 외국어 연구소 (2015). 영어탈피 실력편 구동사편 세트: 영단어 독해 듣기 말하기 한 방에 끝내자. 경기: 우공이산.

이기동 (1998). 영어전치사 연구: 의미와 용법. 경기: 교문사.

이기동 (2002). 인지문법에서 본 영어동사: 의미와 교체 현상. 서울: 경진문화사.

이기동 (2004). 영어구절동사: 의미와 용법. 경기: 교문사.

임지룡 & 김동환 (2015). 비유 언어: 인지언어학적 탐색. 서울: 한국문화사.

조은정 (2014). 구동사 이디엄 자판기. 서울: 에스티앤북스.

최은경 (1999). 영어 구동사의 벗. 서울: 한국문화사.

[Dictionaries]

Cobuild, Collins (1989). *Dictionary of phrasal verbs.* Glascow: HarperCollins Publishers.

Benson, Morton, Evelyn Benson; and Robert Ilson (1986). *The BBI combinatory Dictionary of English: a guide to word combinations.* Amsterdam: John Benjamins.

Cambridge Phrasal Verbs Dictionary: Second Edition. (2006). New York: Cambridge University Press.

Courtney, Rosemary (1983). *Longman dictionary of phrasal verbs.* London: Longman.

Cowie, A. P. & R. Mackin (1975). *Oxford dictionary of current idiomatic English.* London: Oxford University Press.

Cowie, A. P. & R. Mackin (1993). *Oxford Dictionary of Phrasal Verbs.* London: Oxford University Press.

Dictionary of Pharasal Verbs. (1996). Edinburgh: Chambers Harrap Publishers.

Fowler, W. S. (1978). *Dictionary of idioms.* London: Nelson.

Heaton, J. B. (1968). *Prepositions and adverbial learner's current English.* London: Oxford University Press.

Cambridge International Dictionary of Phrasal Verbs. (1997). Edinburgh: Cambridge University Press.

Longman dictionary of contemporary English. (1978). London: Longman.

Longman dictionary of English idioms. (1978). London: Longman.

Spears, Richard A. (1993). *Dictionary of Pharasal Verbs and other idiomatic verbal phrases.* Chicago: NTC Publishing Group.

Spears, Richard A. (2007). *Phrasal Verbs Dictionary: Second Edition.* New York: McGraw-Hill.

Phrasal Verbs Dictionary: for intermediate-advanced learners. (2000). London: Longman.

Taya-Polidori, Junko (1989). *English phrasal verbs in Japanese.* London: Edward Arnold.

Turton, Neigel D. & Martin H. Manser (1985). *The student's dictionary of phrasal verbs.* London: Macmillan.

Whitford & Dixon. *Handbook of American idioms.*

Wood, Frederick (1967). *English prepositional idioms.* London: Macmillan Press Ltd.

Wood, Frederick (1964). *English verbal idioms.* Washington: Washington Square Press.

이기동 (2015). 인지 문법에서 본 영어 동사 사전. 서울: 한국문화사.